"Il ne peut y avoir de réalisme véritable que si l'on fait sa part à l'imagination, si l'on comprend que l'imaginaire est dans le réel, et que nous voyons le réel par lui."

Michel Butor, *Répertoire II,*
Éditions de Minuit

Composition du manuel

"Ça se lit comme un roman." Cette expression courante laisse entendre que la lecture d'un roman constituerait une tâche facile, et donc qu'il n'y aurait rien ou presque à apprendre pour l'effectuer.

L'expérience démontre qu'une telle conception relève de la généralisation abusive : d'une part, tous les romans ne sont pas également accessibles ; d'autre part, la compréhension et le plaisir de la lecture d'un récit de fiction sont étroitement liés aux connaissances préalables du lecteur et à sa capacité à les utiliser à bon escient dans des situations nouvelles.

L'objectif essentiel des auteurs du présent fascicule est de vous entrainer* à lire de façon efficace des romans d'une certaine difficulté et qui appartiennent à la tendance réaliste. Chacun des quatre chapitres constitue une étape de votre formation.

Le premier pose d'abord la distinction entre deux courants artistiques qui se sont affrontés et qui s'affrontent encore : le réalisme et le romantisme ; il aborde aussi la question fondamentale des rapports entre l'univers du roman et le monde réel. Vous serez amené(e) à exprimer votre préférence pour tel courant et à juger de la proximité plus ou moins grande entre la fiction et la réalité.

Le deuxième chapitre tend à vous rendre plus critique dans la lecture des portraits, qui abondent dans le roman réaliste : ces portraits sont-ils vraiment indispensables à la compréhension de l'histoire, ou peut-on les passer allègrement, sans dommage aucun ?

Le chapitre suivant traite essentiellement d'histoire littéraire : la tendance réaliste, même si elle est de tous les temps, s'affirme particulièrement dans la seconde moitié du XIXe siècle et se radicalise dans le mouvement naturaliste. Ces pages contiennent, entre autres, deux synthèses à la construction desquelles vous serez associé(e) et qui vous permettront de juger du caractère réaliste ou naturaliste de romans que vous lirez dans l'avenir.

Le dernier chapitre concerne une catégorie d'œuvres réalistes particulièrement à l'honneur au XIXe siècle et qui le restera au XXe : le roman de formation. Il devrait vous permettre d'aborder en connaissance de cause des récits complets de la même catégorie.

En effectuant les exercices du fascicule, vous aurez maintes occasions de vous aguerrir à plusieurs compétences essentielles ; deux d'entre elles font l'objet de fiches de structuration situées à la fin du volume : comparer des récits de fiction et inférer des informations implicites. Vous pourrez y recourir si vous éprouvez des difficultés à effectuer certaines tâches proposées ci-dessous.

Nous vous souhaitons un bon travail et du plaisir dans la découverte de textes qui font partie de notre culture.

CHAPITRE I.

PREMIÈRE APPROCHE DE LA TENDANCE RÉALISTE

1.1. L'art du XIXe siècle, entre romantisme et réalisme

1.1.1. Deux peintures

Voici deux tableaux du XIXe siècle, très différents par leurs sujets.
Énumérez les différences qui vous frappent.

G.D. FRIEDRICH,
La croix et la cathédrale dans les montagnes
(1818)

J. STOBBAERTS,
L'étable de la vieille ferme seigneuriale de Cruyningen (1883)
Musées royaux des Beaux-Arts de Belgique, Bruxelles

1. Lequel de ces tableaux préférez-vous ? Énumérez les raisons de votre préférence.

2. Lisez le commentaire comparatif qui suit.

Le sublime et la bassesse

Qu'il y a loin de l'élévation grandiose du tableau de Friedrich, le grand peintre romantique allemand, au réalisme dégoûtant de celui de Stobbaerts, obscur peintre flamand ! Le premier donne du monde une vision sublime : l'âme du public ne peut que s'élever face au spectacle du religieux dans la pureté des cimes. Le second nous entraîne dans la fange d'une étable, c'est-à-dire ce qu'il y a de plus bas et de moins poétique au monde. Le cul des vaches et des cochons mérite-t-il de figurer aux cimaises de nos musées alors qu'il suffit de pousser la porte d'une ferme pour les contempler – et les respirer – à l'aise ? Quel prosaïsme stupide que celui de Stobbaerts, qui consiste à reproduire imparfaitement ce que la photographie rendrait beaucoup plus fidèlement ! Que la peinture, et l'art en général, contribue à nous élever l'âme au lieu de nous traîner dans la bassesse !

3. L'auteur du texte classe Friedrich parmi les artistes romantiques alors qu'il attribue à Stobbaerts l'étiquette de réaliste. Relevez les caractéristiques qu'il attribue à l'une et à l'autre tendance artistique.

4. Êtes-vous d'accord avec la prise de position de l'auteur du texte ? Si ce n'est pas le cas, quel(s) argument(s) lui opposez-vous ?

5. Dans les articles que le dictionnaire *Robert* consacre aux termes *réalisme* et *réaliste*, relevez les acceptions qui peuvent convenir au tableau de Stobbaerts.

RÉALISME. *n. m.* (1803 ; de *réel,* d'apr. lat. *realis*). 1° *Hist. Philo.* Ancienne doctrine platonicienne de la réalité des idées (1), dont les êtres individuels ne sont que le reflet (**V. Idéalisme). –** Doctrine médiévale de la réalité des Universaux**.** *Le réalisme de saint Thomas. Philo. Mod.* (opposé à idéalisme) Doctrine d'après laquelle l'être est indépendant de la connaissance d'un sujet."*L'antique conflit du réalisme et de l'idéalisme*" (BERGSON).

2° (1833). Conception de l'art, de la littérature, selon laquelle l'artiste ne doit pas chercher à idéaliser le réel ou à en donner une image épurée. *Le réalisme français, anglais. Le réalisme de Flaubert, de Zola. Le "réalisme socialiste".* – Caractère d'une production qui procède de cette conception. *Le réalisme d'un récit, d'une description, d'un personnage. (Hist. Litt.)* École littéraire française qui, vers 1850, préconisa la description minutieuse et objective des faits et des personnages de la réalité banale et quotidienne. *(Arts)* Recherche d'une ressemblance exacte avec le modèle ; cette ressemblance. *Réalisme des contours, des couleurs. – Spécialt.* École de peinture qui, en France, s'est opposée au romantisme et a précédé l'impressionnisme. *Le réalisme de Courbet.* 3° Tendance à décrire, à représenter les aspects grossiers, vulgaires du réel. **V. Crudité.** *Un réalisme brutal.* 4° *Cour.* Attitude de celui qui tient compte de la réalité, l'apprécie avec justesse (*opposé à* irréalisme). "*Un idéologue, un homme à théories, sans bon sens, sans réalisme*" (MADELIN). *Réalisme politique. V. aussi* **Pragmatisme.** *Réalisme cynique, opportuniste.* ANT. *Idéalisme, immatérialisme ; fantastique, irréalisme.*

RÉALISTE. *n. et adj.* (1587 ; de *réel,* d'apr. lat. *realis*). 1° N. Philosophe, adepte du réalisme. *Adj.* (1869) Relatif au réalisme philosophique. "*La conception, tantôt réaliste, tantôt idéaliste de la matière*" (BERGSON). 2° (1869). Partisan du réalisme en art, en littérature. *Un auteur, un écrivain, un peintre réaliste.* "*Une école réaliste ou naturaliste qui a prétendu nous montrer la vérité*" (MAUPASS.). – *N.* Écrivain ou artiste adepte du réalisme (2°). Relatif au réalisme en art ; qui fait preuve de réalisme. *Littérature réaliste. Chanson réaliste. Portrait réaliste.* 3° Qui dépeint les aspects vulgaires du réel. V. Cru. *Détail réaliste. Éléments réalistes chez Rabelais.* 4° (Déb. XXe). Qui a le sens des réalités ou qui en témoigne. "*Talleyrand était réaliste et opportuniste*" (MADELIN). – Subst. *Un réaliste.* "*Le réaliste méprise l'utopiste… et l'idéaliste*" (BEAUVOIR). Par ext. *Attitude, vision réaliste.* "*À peu près rien de ce qu'ont fait les grands hommes n'est réaliste*" (DUTOURD). ANT. *Idéaliste, idéologue. Fantastique, romantique. Chimérique, rêveur, utopique.*

1.1.2. Deux autres peintures

À la page suivante, vous trouverez deux autres peintures du XIXe siècle.

1. Identifiez le tableau réaliste et celui qui relève du romantisme. Défendez votre choix à l'aide des connaissances dont vous disposez sur les deux écoles.

2. Lisez le commentaire comparatif suivant.

Du romantisme au réalisme

Typique de l'art romantique, le tableau de Gustave Wappers évoque de façon idéalisée la Révolution belge de 1830, qui a mené à l'indépendance de notre pays. Le peintre n'a guère le souci de représenter les événements historiques tels qu'ils se sont déroulés ; il magnifie l'héroïsme du peuple belge, qui donne son sang sur les barricades de Bruxelles pour gagner sa liberté.

Vers 1850, Gustave Courbet entre en guerre contre la conception idéalisée du monde que défendent les romantiques. L'artiste français, qui a fait scandale à son époque, a le souci de peindre une scène banale, avec des gens ordinaires, représentés sans complaisance. Courbet fera école dans la seconde moitié du XIXe siècle : il influencera non seulement d'autres peintres, mais aussi des écrivains.

3. Les deux commentaires que vous avez lus opposent romantisme et réalisme, mais les intentions des deux auteurs sont-elles les mêmes ? Si non, chacun d'eux vise-t-il à informer ou à persuader son lecteur ? Dites ce qui vous permet de répondre.

G. COURBET,
Un enterrement à Ornans
(1849-1850)
Musée d'Orsay, Paris
© Photo RMN
Hervé Lewandowski

G. WAPPERS,
Épisode des journées de septembre 1830 (1835)
Musées royaux des Beaux-Arts de Belgique, Bruxelles
© Speltdoorn

4. Quel tableau préférez-vous ? Énumérez les raisons de votre préférence.

5. Grâce aux activités qui précèdent, vous connaissez certaines caractéristiques de deux mouvements artistiques, le romantisme et le réalisme. Vous avez également eu l'occasion de réfléchir à vos gouts* personnels en matière de peinture. Préparez un exposé oral qui portera successivement sur ces deux sujets.

   • À partir des informations fournies (textes, articles de dictionnaire), et à partir de votre observation des peintures, écrivez d'abord une brève synthèse sur le romantisme et le réalisme en art. Cette synthèse évoquera les quatre tableaux ci-dessus. Elle servira de base à un exposé devant la classe.

   • Au cours de votre exposé, répondez aussi aux questions suivantes :

     – Vos gouts* personnels vont-ils plutôt vers les œuvres romantiques ou vers celles qui se réclament du réalisme ? Énumérez les raisons qui vous font préférer les unes ou les autres.

– Pensez-vous que la peinture réaliste ait encore sa raison d'être depuis l'invention de la photographie ? Quelle que soit votre réponse, justifiez-la.

Vous serez évalué(e) sur les critères suivants.

- Qualité de la synthèse
  - La synthèse tient compte de tous les documents étudiés.
  - Elle contient toutes les caractéristiques des deux mouvements artistiques dégagées au cours des activités.
  - Ces caractéristiques sont expliquées correctement.
  - L'ordre de présentation des caractéristiques est clair.
  - L'opposition entre les deux courants est bien expliquée.
- Qualité de la prise de position
  - L'exposé contient une réponse aux deux questions posées.
  - Ces réponses sont justifiées.
- Qualité de l'exposé
  - L'exposé est audible.
  - Il est compréhensible.
  - Le registre de langue employé est adéquat au sujet.
  - Le vocabulaire et la syntaxe sont corrects.

1.1.3. Deux résumés de romans du XIXe siècle

La mare au diable

George Sand est le pseudonyme d'Aurore Dupin, née en 1804, et qui devint en 1822, par son mariage, baronne Dudevant. Durant sa vie, elle séjourna souvent dans son domaine de Nohant (Berry), qu'elle avait hérité de sa famille paternelle. C'est le vieux terroir berrichon qui lui inspira plusieurs romans champêtres, parmi lesquels *La mare au diable* (1846), *François le Champi* (1847) et *La petite Fadette* (1848).

Ci-dessous, un résumé de *La mare au diable*. En le lisant, vous vous interrogerez sur les conceptions de l'auteur, sur sa vision de l'existence, telles qu'elle vous semblent ressortir de l'ouvrage ainsi résumé.

Germain, paysan pauvre, honnête et désintéressé, travaille à la ferme du père Maurice, son beau-père. Il s'entend à merveille avec ses beaux-parents et avec Jacques, son beau-frère ; de même, les relations de voisinage sont harmonieuses.

Germain a 28 ans : à la campagne et à cette époque, ce n'est plus tout jeune. Mais Germain est un laboureur habile, dur à la tâche, et il s'est taillé, à travailler au grand air, une robuste santé physique et morale. Il est un très bon mari et le père affectueux de trois enfants aussi sages que beaux.

Germain se retrouve veuf. Sur son lit de mort, sa femme, qui n'a jamais eu de lui que du contentement, lui a recommandé de se remarier. Et bientôt, le père Maurice, chef de famille, va dans le même sens : il faut que les petits orphelins soient pris en charge. Inconsolable, mais aussi très respectueux de l'autorité, Germain fait contre mauvaise fortune bon cœur : il accepte de se rendre à Fourche pour y demander en mariage la veuve Guérin, fille très courtisée d'un riche fermier.

Et comme il est toujours disposé à rendre service à son prochain, il accepte aussi d'emmener Marie, une voisine : il la déposera à la ferme des Ormeaux, où elle est engagée comme bergère.

Marie a bien du chagrin de quitter sa vieille mère et son hameau. Mais, courageusement, elle surmonte sa peine. Au gré des quelque trois lieues de voyage, elle se révèle progressivement parée de qualités multiples : elle est prévenante et généreuse, débrouillarde et avisée, et elle sait très bien s'y prendre pour s'occuper de Petit-Pierre, l'aîné de Germain (7 ans), qui a réussi à obtenir d'être de l'équipée. Germain, attendri par la fraîche beauté de Marie et conquis par sa maturité précoce – elle a 16 ans –, se déclare à elle. Bien sage et bien "comme il faut", Marie se dit trop jeune et trop pauvre pour penser au mariage.

À Fourche, la veuve Guérin s'avère affectée, coquette, et encouragée dans sa vanité par son père, homme rusé et borné. Quant au propriétaire des Ormeaux, Marie a toutes les peines du monde à ne pas s'en laisser conter par lui. Les deux jeunes gens retournent chez eux et bientôt, avec la complicité compréhensive de ses beaux-parents, Germain épouse Marie.

1. En vous fondant sur ce résumé,

   - Caractérisez la conception des êtres et des choses que livre la romancière. Représente-t-elle sans complaisance des gens ordinaires ? Ou propose-t-elle au contraire, à travers des personnages idéalisés, une vision sublime de la réalité ? Justifiez.
   - Dites si le roman s'intéresse aux réalités politiques, économiques et sociales du temps.

2. George Sand a rencontré pas mal d'artistes de son époque : Mérimée, Stendhal, Dumas, Tourgueniev. Elle a été la maitresse* de Musset, et, par la suite, de Chopin (à qui elle a dédié *La mare au diable*). À partir de 1863, elle entretient une correspondance suivie avec Gustave Flaubert. Voici ce que lui écrit Flaubert à propos de *Flamarande*, un roman qu'elle a publié en 1875.

   À part M. le Comte, tous sont des gens vertueux dans cette histoire, et même d'une vertu extraordinaire. Mais les croyez-vous vrais ? Y en a-t-il beaucoup de leur sorte ? Sans doute, pendant qu'on vous lit, on les accepte à cause de l'habileté de l'exécution ; mais ensuite ?

   - Avec vos mots à vous, explicitez l'opinion que Flaubert veut faire entendre à Sand.
   - Cette opinion, qui vise *Flamarande*, est-elle transposable à *La mare au diable* ?

Un mâle

Voici un second résumé. Il vous fera connaitre* l'histoire racontée dans un autre roman : *Un mâle*. Il s'agit, comme *La mare au diable*, d'un roman d'inspiration rurale, mais il a été écrit près de quarante ans plus tard. Avec *Un mâle* (1881), Camille Lemonnier s'est imposé comme la personnalité dominante du naturalisme belge. Nous aurons à revenir à ce terme : "naturalisme". Sachez seulement qu'il s'agit d'une radicalisation de la tendance réaliste en art.

1. Que pensez-vous trouver dans ce roman, étant donné son titre ? Partagez vos hypothèses, et notez-les.

2. Lisez le résumé en gardant en mémoire les réponses apportées aux questions relatives à *La mare au diable*.

Depuis son enfance, Cachaprès est connu, dans la campagne wallonne où il vit, comme un braconnier dans l'âme. Les bois et les bêtes, il a ça dans le sang. Son adresse à déjouer les manœuvres des gardes ou des gendarmes, qui essaient de le pincer, n'a d'égale que son art de la traque, de l'affût, des pièges de toutes sortes. Il prend plaisir à massacrer le gibier, petit et gros, pour s'en nourrir ou pour le vendre. Avec l'argent gagné, Cachaprès fait ribote. À l'occasion, il ne dédaigne pas la bagarre avec les paysans, qu'il n'aime pas, et qui le lui rendent bien. Fort comme un bœuf, insensible, amoral, à peine doué de langage articulé, Cachaprès est une "bête humaine".

Germaine Hulotte, c'est, pour lui, une proie d'autant plus attirante qu'elle ne sera pas facile à capturer : elle est une paysanne jeune et appétissante, mais elle est fière et ne s'en laisse pas conter ; elle est la fille d'un garde-chasse ; en plus, elle est vierge. Cachaprès rôde autour de la ferme des Hulotte. Il épie la jeune femme, ruse avec elle, la séduit. D'abord sauvage et rebelle, Germaine faiblit peu à peu, s'apprivoise, et se laisse emporter finalement par son propre instinct de femelle. Subjuguée par la robustesse du braconnier, admirant sa liberté d'homme des bois, elle se donne à lui. Les amants prennent l'habitude de se retrouver en cachette chez la Cougnole, une vieille au passé louche d'entremetteuse, qui leur prête sa masure isolée en échange d'un peu de nourriture ou de quelque argent.

Mais lentement, la passion se détériore : Germaine se fatigue de la clandestinité, elle commence à éprouver comme la nostalgie d'une vie régulière de travail. Les disputes éclatent, de plus en plus fréquentes. Il s'avère alors que le braconnier s'est lui-même transformé en gibier. Pris à son propre jeu, il est devenu la proie d'une Germaine assouvie, assurée du pouvoir de sa féminité, insolente, et qui cherche à ruser elle-même pour rompre maintenant une liaison qui l'ennuie.

La perspective d'un mariage rangé se précise avec Hubert Hayot, fils d'un fermier voisin, que Germaine ne laisse pas indifférent. Cachaprès, rendu fou par l'idée de la rupture, agresse son rival avec une rare violence. La nouvelle de la rixe se répand, et, du même coup, celle de la liaison de Germaine avec le braconnier. Germaine est injuriée par les Hayot, désavouée par les siens. Et pour ne rien arranger, elle se trouve enceinte.

Quant à Cachaprès, il finit par tomber dans une embuscade. Après une traque de plusieurs heures, il meurt d'un coup de fusil, non sans avoir tué lui-même un gendarme.

3. Le résumé que vous venez de lire correspond-il à vos attentes préalables ?

4. Comparez ce résumé à celui de *La mare au diable*, aux points de vue de l'histoire racontée, des personnages représentés – et donc à celui de la vision du monde qui caractérise chacun des auteurs.

5. En Belgique, le roman fit scandale ; la censure en interdit la vente dans les gares : pourquoi, selon vous ?

6. Lequel des deux romans choisiriez-vous de lire en entier ? Pour quelle(s) raisons(s) ?

1.1.4. Deux extraits de romans français du XIXe siècle

Les pages précédentes vous ont permis de prendre une mesure de l'écart entre le romantisme et le réalisme. Disons pour faire bref que d'un côté, peintres et romanciers cherchent à embellir et à magnifier le réel, et que de l'autre, ils veulent "coller davantage à la réalité", quitte à représenter ses aspects les moins exaltants.

Vous allez maintenant pénétrer plus avant dans deux textes réalistes. L'un est extrait de *Madame Bovary* (1857), le premier roman publié par Gustave Flaubert ; ce roman est habituellement reconnu comme un chef-d'œuvre de la littérature réaliste. L'autre est un passage de *Nana* (1880), l'un des ouvrages d'Émile Zola, chef de file des romanciers naturalistes.

Ces extraits ont un point commun intéressant : dans chacun d'eux, l'auteur-narrateur évoque les lectures de son personnage. Dès lors, un lecteur réel (vous, par exemple) peut prendre connaissance, à l'occasion de sa propre lecture de tels extraits, des comportements d'un personnage de fiction en fait… de lecture de récits de fiction. Ceci peut être instructif à plus d'un titre. Dis-moi ce que tu lis et comment tu lis, je te dirai qui tu es. Que lisent Emma Bovary ou Nana ? Comment lisent -elles ? Pour quelle raison l'auteur-narrateur prête-t-il à son personnage telles attitudes de lecture ? Et nous-mêmes, quelles fictions narratives lisons-nous (ou regardons-nous) ? Et comment ?…

Les lectures d'Emma

Emma Rouault est devenue Madame Bovary en épousant Charles, médiocre médecin de campagne. Très vite, la jeune femme commence à s'ennuyer. Elle se demande alors "ce que l'on entendait au juste dans la vie par les mots de *félicité*, de *passion* et d'*ivresse*, qui lui avaient paru si beaux dans les livres".

En lisant l'extrait qui suit, posez-vous la question de l'intention de l'auteur-narrateur : pourquoi ce retour en arrière, pourquoi ce compte rendu des lectures faites par Emma avant son mariage ?

Elle avait lu *Paul et Virginie* et elle avait rêvé la maisonnette de bambou, le nègre Domingo, le chien Fidèle, mais surtout l'amitié douce de quelque bon petit frère, qui va chercher pour vous des fruits rouges dans des grands arbres plus hauts que des clochers, ou qui court pieds nus sur le sable, vous apportant un nid d'oiseau.

Lorsqu'elle eut treize ans, son père l'amena lui-même à la ville, pour la mettre au couvent. Le soir, avant la prière, on faisait dans l'étude une lecture religieuse. C'était, pendant la semaine, quelque résumé d'Histoire sainte ou les *Conférences* de l'abbé Frayssinous, et, le dimanche, des passages du *Génie du Christianisme*, par récréation. Comme elle écouta, les premières fois, la lamentation sonore des mélancolies romantiques se répétant à tous les échos de la terre et de l'éternité ! (...)

Il y avait au couvent une vieille fille qui venait tous les mois, pendant huit jours, travailler à la lingerie. (...) Souvent les pensionnaires s'échappaient de l'étude pour l'aller voir. Elle savait par cœur des chansons galantes du siècle passé, qu'elle chantait à demi-voix, tout en poussant son aiguille. Elle contait des histoires, vous apprenait des nouvelles, faisait en ville vos commissions, et prêtait aux grandes, en cachette, quelque roman qu'elle avait toujours dans les poches de son tablier, et dont la bonne demoiselle elle-même avalait de longs chapitres, dans les intervalles de sa besogne. Ce n'étaient qu'amours, amants, amantes, dames persécutées s'évanouissant dans des pavillons solitaires, postillons qu'on tue à tous les relais, chevaux qu'on crève à toutes les pages, forêts sombres, troubles du cœur, serments, sanglots, larmes et baisers, nacelles au clair de lune, rossignols dans les bosquets, messieurs braves comme des lions, doux comme des agneaux, vertueux comme on ne l'est pas, toujours bien mis, et qui pleurent comme des urnes. Pendant six mois, à quinze ans, Emma se graissa donc les mains à cette poussière des vieux cabinets de lecture.

Avec Walter Scott, plus tard, elle s'éprit de choses historiques, rêva bahuts, salle des gardes et ménestrels. Elle aurait voulu vivre dans quelque vieux manoir, comme ces châtelaines au long corsage, qui, sous le trèfle des ogives, passaient leurs jours, le coude sur la pierre et le menton dans la main, à regarder venir du fond de la campagne un cavalier à plume blanche qui galope sur un cheval noir. (...) Elle se laissa glisser dans les méandres lamartiniens, écouta les harpes sur les lacs, tous les chants de cygnes mourants, toutes les chutes de feuilles, les vierges pures qui montent au ciel, et la voix de l'Éternel discourant dans les vallons.

(...) elle ne pouvait s'imaginer à présent que ce calme où elle vivait fût le bonheur qu'elle avait rêvé.

Gustave FLAUBERT, *Madame Bovary* (1857)

1. Dans quelles circonstances Emma lit-elle : où ? quand ? quel(s) autre(s) personnage(s) du roman de Flaubert interviennent dans sa lecture ? Ces circonstances vous semblent-elles importantes ? Pourquoi ?

2. Schématiquement, on pourrait distinguer deux types de lecteur de récits de fiction. Insistons : la distinction qui suit est schématique. En particulier parce que, quand il lit un récit fictionnel, tout lecteur peut passer d'un type à l'autre.

   - Le premier type est celui du lecteur naïf, qui se laisse captiver par l'histoire. Ce lecteur-là se laisse faire. Fasciné par l'histoire qu'on lui raconte, il est comme piégé par elle. Il fantasme sur l'intrigue, ou sur certaines de ses parties.
   - Le deuxième type, à l'inverse, est celui du lecteur critique. Celui-ci a bien conscience que l'histoire qu'il lit est construite de toutes pièces par un auteur. Le lecteur critique prend donc ses distances, il s'interroge sur le sens de l'histoire. Il se pose la question des raisons qui ont poussé l'auteur à inventer cette histoire : dans le fond, qu'a-t-il voulu dire en la racontant ?

   Comment lit la jeune Emma ? Auquel des types évoqués ci-dessus la rattacheriez-vous ? Justifiez votre choix en recourant précisément au texte.

3. Que lit Emma ? Repérez dans le texte les passages qui renseignent à ce sujet. Au besoin, votre professeur vous apportera des précisions sur les auteurs et les ouvrages auxquels s'intéresse l'héroïne de Flaubert.

4. Quant à l'auteur-narrateur, quelle est sa position à propos des lectures du personnage d'Emma ? Référez-vous précisément au texte pour étayer votre avis à ce sujet.

5. Il est intéressant de noter maintenant que le roman *Un mâle*, de Lemonnier (*Cf.* p. 12-13) a enthousiasmé Flaubert : pourquoi, selon vous ?

Les lectures de Nana

Fille d'ouvriers alcooliques, Nana, après une enfance misérable, veut réussir son ascension sociale, dominer, posséder tout ce qui lui a été refusé jusque là par sa condition de "fille du pavé de Paris". À vingt ans, elle est donc devenue une prostituée de luxe, méprisant les nombreux amants qui, entièrement soumis à ses charmes, se ruinent pour l'entretenir fastueusement. Dans son hôtel particulier (où "il lui arrivait d'ouvrir un livre, car elle se piquait de littérature"), elle reçoit ensemble à diner*, chaque jeudi, quatre de ses amants : le jeune Georges Hugon et son frère ainé* Philippe, qui fait carrière à l'armée, le comte Muffat, haut dignitaire de la cour impériale, et le comte de Vandeuvres, propriétaire de chevaux et grand joueur aux courses.

1. Attachez-vous d'abord au 1er paragraphe de l'extrait. À propos des lectures de Nana, vous répondrez oralement, après les avoir transposées audit paragraphe, aux questions 1 à 4 relatives, ci-dessus, aux lectures d'Emma. Complétez ensuite le tableau de synthèse qui fait suite à l'extrait.

Alors, Nana causa avec les quatre hommes, en maîtresse de maison pleine de charme. Elle avait lu dans la journée un roman qui faisait grand bruit, l'histoire d'une fille[1] ; et elle se révoltait, elle disait que tout cela était faux, témoignant d'ailleurs d'une répugnance indignée contre cette littérature immonde, dont la prétention était de rendre la nature ; comme si l'on pouvait tout montrer ! Comme si un roman ne devait pas être écrit pour passer une heure agréable ! En matière de livres et de drames, Nana avait des opinions très arrêtées : elle voulait des œuvres tendres et nobles, des choses pour la faire rêver et lui grandir l'âme.

Puis, la conversation étant tombée sur les troubles qui agitaient Paris, des articles incendiaires, des commencements d'émeute à la suite d'appels aux armes, lancés chaque soir dans les réunions publiques, elle s'emporta contre les républicains. Que voulaient-ils donc, ces sales gens qui ne se lavaient jamais ? Est-ce qu'on n'était pas heureux, est-ce que l'empereur n'avait pas tout fait pour le peuple ? Une jolie ordure, le peuple ! Elle le connaissait, elle pouvait en parler ; et (...) elle tapait sur les siens avec des dégoûts et des peurs de femme arrivée. L'après-midi, justement, elle avait lu dans *Le Figaro* le compte rendu d'une séance de réunion publique, poussé au comique, dont elle riait encore, à cause des mots d'argot et de la sale tête d'un pochard qui s'était fait expulser.

- Oh ! ces ivrognes ! dit-elle d'un air répugné. Non, voyez-vous, ce serait un grand malheur pour tout le monde, leur république... Ah ! que Dieu nous conserve l'empereur le plus longtemps possible !

- Dieu vous entendra, ma chère, répondit gravement Muffat. Allez, l'empereur est solide.

Il aimait à lui voir ces bons sentiments. Tous deux s'entendaient en politique. Vandeuvres et le capitaine Hugon, eux aussi, ne tarissaient pas en plaisanteries contre "les voyous", des braillards qui fichaient le camp dès qu'ils apercevaient une baïonnette.

Émile ZOLA, *Nana* (1880)

---

[1] Le mot "fille" signifie ici "prostituée".

	Emma Bovary	Nana
Contexte	Elle lit au couvent où elle est pensionnaire, entre +/- 13 et 16 ans. Auditions obligatoires (mais entièrement acceptées) liées à son éducation religieuse. Par ailleurs, l'attrait pour certains livres est renforcé par un parfum d'interdit.	
Objets	Préromantiques, romantiques, romans sentimentaux ("à l'eau de rose"), romans d'aventures.	
Manière	Lecture boulimique, fantasmatique, totalement naïve.	
Auteur-narrateur	Flaubert ironise sur les lectures de son personnage : Emma est tellement perdue dans ses rêves romanesques qu'elle ne sait plus guère affronter la réalité ("bovarysme").	

2. L'histoire racontée par Zola dans *Nana* (comme dans ses autres romans, d'ailleurs) se passe sous le Second Empire. Pour en savoir un peu plus sur cette période de l'histoire de France, consultez le chapitre 3 de votre manuel (p. 51).

3. Lisez à présent la suite de l'extrait. Qu'est-ce qui sépare *Nana* de *La mare au diable* (Cf. p. 12, question 1) ?

4. Quelles sont les opinions politiques et sociales de Nana ?
   Adhérez-vous aux prises de position de l'héroïne ? Pourquoi ?

1.2. Le souci documentaire

1.2.1. *Une veuve de papier*

Voici un bref extrait du roman de John Irving, *Une veuve de papier,* publié aux USA en 1998 et en version française en 1999.

L'héroïne, Ruth Cole, romancière américaine à succès, se rend régulièrement à Amsterdam pour y présenter ses œuvres.

1. Selon vous, cette page est-elle réaliste ? Rappelez-vous que, comme l'indique le *Robert*, le terme *réalisme* désigne à la fois une conception de l'art qui refuse l'idéalisation, une tendance à représenter les aspects vulgaires, triviaux du réel et une école artistique du XIXe siècle.

C'était la parution de *Niet voor Kinderen*, traduction néerlandaise de *Pas pour les enfants* qui avait amené Ruth à Amsterdam, mais elle considérait à présent sa recherche de documentation pour son histoire de prostituée comme devant absorber toute son énergie. Elle n'avait pas encore trouvé l'occasion de parler de cette fièvre toute neuve à son éditeur hollandais, Maarten Schouten, qu'elle désignait affectueusement comme "Maarten avec deux a et un e".

Pour la traduction du *Même Orphelinat* – en néerlandais *Hetzelfde weeshuis*, titre qu'elle s'était évertuée en vain à prononcer, elle était descendue dans un hôtel charmant, quoique décati, sur le Prinsengracht ; dans le petit tiroir de chevet où elle se proposait de ranger sa lingerie, elle avait découvert un stock de marijuana non négligeable. Il avait sans doute été laissé là par un précédent client, mais Ruth était si tendue, lors de cette première tournée de promotion en Europe, qu'elle n'avait pas douté qu'un journaliste malveillant eût semé la marijuana à dessein pour la mettre dans l'embarras.

Le susdit Maarten Schouten avec deux a et un e lui avait assuré qu'à Amsterdam la détention de marijuana, tout juste un délit, ne risquait guère de mettre qui que ce soit dans l'embarras. Et elle avait aimé la ville d'emblée, ses canaux, ses ponts, ses bicyclettes, ses cafés et ses restaurants.

Lors de sa deuxième visite, pour la parution d'*Avant la chute de Saïgon* – du moins avait-elle eu la satisfaction de pouvoir prononcer *Voor de val van Saïgon* –, elle s'était installée dans un autre secteur, sur la place de la Digue, où la proximité du quartier chaud avait inspiré à un journaliste l'idée de l'emmener voir les prostituées en vitrine. Elle n'était pas près d'oublier avec quelle crudité s'étalait le spectacle de ces femmes en culotte et soutien-gorge à midi, et celui des accessoires SM dans la vitrine d'un sex-shop.

John IRVING, *Une veuve de papier* (1999)

2. Lorsqu'un romancier réaliste situe l'action de son œuvre dans un pays étranger, ou dans un milieu qui n'est pas le sien, il se documente sérieusement sur ce pays ou ce milieu. Est-ce le cas d'Irving ? Pour répondre à cette question, relevez dans le texte un maximum d'informations sur la ville d'Amsterdam et vérifiez-en quelques-unes. Vous pouvez pour cela vous référer à votre expérience si vous avez visité la ville, interroger une personne digne de foi, ou encore consulter une documentation.

3. À la fin de son ouvrage, Irving adresse des remerciements à quelques personnes qui l'ont aidé à écrire. L'extrait qui suit est typique du souci principal des auteurs réalistes. Nommez ce souci. Repérez les passages du texte qui en témoignent.

Remerciements

Je dois beaucoup à mes nombreuses visites à Amsterdam au cours des quatre ans qu'il m'a fallu pour écrire ce roman ; et je suis particulièrement redevable au brigadier Joep de Groot du deuxième district de police, pour sa patience et sa générosité ; sans ses conseils, ce livre n'aurait pas vu le jour. Je suis de même reconnaissant envers Margot Alvarez, qui a fait partie du Rode Draad, organisation pour la défense des droits des prostituées à Amsterdam. Et, surtout, pour le temps et le soin avec lesquels il a revu mon manuscrit, je remercie Robbert Ammerlaan, mon éditeur néerlandais. Pour tous les chapitres qui se déroulent à Amsterdam, je dois à ces trois Amstellodamois des remerciements inestimables. Toutes les évocations réussies doivent être portées à leur crédit, je ne saurais qu'assumer mes erreurs.

Pour les nombreux chapitres qui ne se déroulent pas à Amsterdam, je me suis appuyé sur les conseils éclairés d'Anna von Planta à Genève, d'Anne Freyer à Paris, de Ruth Geiger à Zurich, d'Harvey Loomis à Sagaponack et d'Alison Gordon à Toronto.

John IRVING, *Une veuve de papier* (1999)

1.2.2. *Le parfum*

La publication du *Parfum,* en Allemagne en 1985 et en France en 1986, a constitué un véritable évènement*. Son auteur, Patrick Süskind, a été immédiatement salué par la critique et reconnu par le grand public.

1. Voici la première page du roman. S'agit-il, selon vous, d'un récit réaliste ?

Au XVIIIe siècle vécut en France un homme qui compta parmi les personnages les plus géniaux et les plus abominables de cette époque qui pourtant ne manqua pas de génies abominables. C'est son histoire qu'il s'agit de raconter ici. Il s'appelait Jean-Baptiste Grenouille et si son nom, à la différence de ceux d'autres scélérats de génie comme par exemple Sade, Saint-Just, Fouché, Bonaparte, etc., est aujourd'hui tombé dans l'oubli, ce n'est assurément pas que Grenouille fût moins bouffi d'orgueil, moins ennemi de l'humanité, moins immoral, en un mot moins impie que ces malfaisants plus illustres, mais c'est que son génie et son unique ambition se bornèrent à un domaine qui ne laisse point de traces dans l'histoire : au royaume évanescent des odeurs.

À l'époque dont nous parlons, il régnait dans les villes une puanteur à peine imaginable pour les modernes que nous sommes. Les rues puaient le fumier, les arrière-cours puaient l'urine, les cages d'escalier puaient le bois moisi et la crotte de rat, les cuisines le chou pourri et la graisse de mouton ; les pièces d'habitation mal aérées puaient la poussière renfermée, les chambres à coucher puaient les draps graisseux, les courtepointes moites et le remugle âcre des pots de chambre. Les cheminées crachaient une puanteur de soufre, les tanneries la puanteur de leurs bains corrosifs, et les abattoirs la puanteur du sang caillé. Les gens puaient la sueur et les vêtements non lavés ; leurs bouches puaient les dents gâtées, leurs estomacs puaient le jus d'oignons, et leurs corps, dès qu'ils n'étaient plus tout jeunes, puaient le vieux fromage et le lait aigre et les tumeurs éruptives. Les rivières puaient, les places puaient, les églises puaient, cela puait sous les ponts et dans les palais. Le paysan puait comme le prêtre, le compagnon tout comme l'épouse de son maître artisan, la noblesse puait du haut jusqu'en bas, et le roi lui-même puait, il puait comme un fauve, et la reine comme une vieille chèvre, été comme hiver. Car en ce XVIIIe siècle, l'activité délétère des bactéries ne rencontrait encore aucune limite, aussi n'y avait-il aucune activité humaine, qu'elle fût constructive ou destructive, aucune manifestation de la vie en germe ou bien à son déclin, qui ne fût accompagnée de puanteur.

Patrick SÜSKIND, Le *parfum. Histoire d'un meurtrier (1986)*

2. Jean-Baptiste Grenouille est-il, selon vous, un personnage de fiction ou une personne réelle ayant vécu au XVIIIe siècle ? Choisissez parmi les réponses suivantes celle qui vous semble la meilleure et expliquez votre choix.

   - C'est sans doute une personne réelle, puisque l'auteur place Grenouille sur le même plan que des personnes réelles du XVIIIe siècle.
   - C'est sans doute un personnage inventé par l'auteur, même si celui-ci veut faire croire le contraire au lecteur.
   - C'est un personnage inventé, puisque son nom ne se trouve pas dans le dictionnaire.
   - Je ne peux pas en décider, je n'ai pas assez d'éléments pour en juger.

3. L'évocation des villes françaises du XVIIIe siècle est-elle réaliste :

   - Au sens de "ressemblante au modèle" ?
   - Au sens de "crue, triviale" ?

1.2.3. *Le hussard sur le toit*

Vous allez comparer la première page du *Parfum* à un extrait du *Hussard sur le toit,* un roman que Jean Giono a publié en 1951.

Le héros de Giono, Angelo Pardi, est un jeune colonel de hussards exilé en France. Il est en route pour Manosque, ville de Haute Provence. Son voyage l'entrainera* au bout de l'horreur puisque la région est dévastée par le choléra. Il découvre ici les premières victimes de la terrible maladie.

1. Lisez d'abord cet extrait et repérez des ressemblances et/ou des différences entre les deux œuvres.

Il courut vers la maison ; mais sur le seuil il fut repoussé par un véritable torrent d'oiseaux qui en sortait et l'enveloppa d'un froissement d'ailes ; les plumes lui frappèrent le visage. Il était dans une colère folle de ne rien comprendre et d'avoir peur. Il saisit le manche d'une bêche appuyée contre la porte et il entra. Il fut tout de suite presque renversé par l'assaut d'un chien qui lui sauta au ventre et l'aurait cruellement mordu s'il ne l'avait instinctivement repoussé d'un coup de genou. La bête s'apprêtait à bondir de nouveau sur lui quand il la frappa de toutes ses forces d'un coup de bêche pendant qu'il voyait venir vers lui d'étranges yeux à la fois tendres et hypocrites et une gueule souillée de lambeaux innombrables. Le chien tomba, la tête fendue. La colère ronronnait dans les oreilles d'Angelo en même temps qu'elle avait fait descendre sur ses yeux des voiles troubles qui ne lui permettaient de voir que le chien qui s'étirait paisiblement dans son sang. Enfin, il eut conscience qu'il serrait un peu trop fort le manche de sa bêche et il put voir autour de lui un spectacle heureusement très insolent[1].

C'étaient trois cadavres dans lesquels le chien et les oiseaux avaient fait beaucoup de dégâts. Notamment dans un enfant de quelques mois écrasé sur la table comme un gros fromage blanc. Les deux autres, vraisemblablement celui d'une vieille femme et celui d'un homme assez jeune, étaient ridicules avec leurs têtes de pitres fardées de bleu, leurs membres désarticulés, leurs ventres bouillonnants de boyaux et de vêtements hachés et pétris. Ils étaient aplatis par terre au milieu d'un grand désordre de casseroles tombées de la batterie de cuisine, de chaises renversées et de cendres éparpillées. Il y avait une sorte d'emphase insupportable dans la façon dont ces deux cadavres grimaçaient et essayaient d'embrasser la terre dans des bras dont les coudes et les poignets jouaient à contresens sur des charnières pourries.
Angelo était moins ému qu'écœuré; son cœur battait sous sa langue lourde comme du plomb. Enfin, il aperçut un gros corbeau qui, se dissimulant dans le tablier noir de la vieille femme, continuait son repas ; il en fut tellement dégoûté qu'il vomit et il tourna les talons.

Jean GIONO, *Le hussard sur le toit* (1951)

2. Construisez un tableau comparatif où vous porterez ressemblances et différences entre les deux œuvres. Pensez, notamment, aux bases de comparaison suivantes :

- L'auteur.
- L'époque représentée.
- L'espèce de roman (psychologique, policier, fantastique, historique, de science-fiction...).
- Les thèmes.
- Le registre de langue utilisé.
- Votre réaction de lecteur.

3. Présentez oralement votre comparaison à la classe en veillant à construire un texte suivi et cohérent. Si vous éprouvez des difficultés concernant la conception et l'expression d'une comparaison, allez à la fiche de structuration 1 (pages 75 à 82).

[1] Dont on n'a guère l'habitude, heureusement !

1.3. Faisons le point

1.3.1. L'écriture d'une comparaison

Les dessins ci-dessous représentent deux des plus grands romanciers français du XIXe siècle, Flaubert et Zola. Rédigez une comparaison entre les deux dessins. Vous évoquerez les trois bases de comparaison suivantes et justifierez votre opinion sur ces différents points.

- L'intention du dessinateur : informer ou persuader.
- Son opinion sur l'écrivain qu'il représente.
- Le réalisme de son dessin.

Vous serez évalué(e) sur les critères suivants.

- Les trois sujets ont été traités.
- La justification est fondée sur les activités de lecture et d'écriture qui précèdent.
- Divers moyens linguistiques de la comparaison sont judicieusement utilisés.
- La langue est correcte.

Si vous éprouvez des difficultés concernant la conception et l'expression d'une comparaison, allez à la fiche de structuration 1 (pages 75-82).

Lenot J.
(1847 - 1909)
France,
"Parodie" (journal) :
Gustave Flaubert
disséquant
Madame Bovary
© Giraudon

Émile Zola en train
(dessin, 1890)
© Roger-Viollet

1.3.2. La conception d'une synthèse

Lisez ci-dessous une synthèse très sommaire du réalisme en art. Étoffez-la en illustrant chaque élément à l'aide d'exemples que vous puiserez dans le présent chapitre.

Synthèse

Des éléments de synthèse

Le réalisme est une école d'art qui s'est développée en France à partir des années 1850 par réaction au romantisme, accusé d'idéaliser le réel.

Plus largement, on appelle "réalisme" une tendance générale de l'art qui consiste à donner de la réalité une image aussi fidèle que possible. Cette fidélité au réel impose à l'artiste réaliste de n'en censurer aucun aspect, aussi trivial et choquant soit-il.

CHAPITRE 2.

POUR FAIRE LE PORTRAIT D'UN PERSONNAGE

2.1. Roman et cinéma

En 1939, le romancier américain John Steinbeck publie l'une de ses plus grandes oeuvres, *Les raisins de la colère*. John Ford l'adapte au cinéma dès 1940.

L'histoire se déroule en Oklahoma dans les années 30. Les terres agricoles s'érodent et se dessèchent par manque de pluie, à tel point que des nuages de poussière obscurcissent le ciel en plein jour. Les plants de maïs dépérissent et les petits fermiers s'interrogent sur leur avenir.

La première scène du film de John Ford dure exactement une minute 15 secondes. Toute la scène est filmée en plan moyen (les personnages sont vus en entier, de la tête aux pieds) ; le seul gros plan est consacré à la plaque interdisant au chauffeur de transporter des voyageurs. Voici le scénario de cette scène.

Une route rectiligne dans une vaste campagne. Un homme jeune, habillé d'un costume trop court et coiffé d'une casquette, y marche d'un bon pas, même si on devine sa fatigue. Arrivé à un carrefour, il se dirige vers un restaurant riant près duquel stationne un grand camion. Au moment où il arrive près du camion, le chauffeur sort du restaurant escorté par une serveuse avenante et sympathique. Elle reste sur le pas de la porte, les mains aux hanches, tandis que des flots de musique de jazz s'échappent de l'établissement.

- Quand reviens-tu, Roy ?
- Dans quinze jours. Tâche d'être sage pendant mon absence !
- À bientôt, dit la serveuse en riant et en faisant un grand geste de la main.

Le chauffeur rentre dans son camion du côté droit, alors que le voyageur l'attend du côté opposé.

- Vous pouvez m'emmener, M'sieu ?
- Tu sais pas lire ?

À ce moment, on découvre sur le camion l'inscription suivante : *No riders allowed. Instruction of owners.*[1]

- Oui, j'ai bien vu, mais un chic type ne prête pas attention à ces choses-là.

Le chauffeur, après un moment très bref de réflexion :

- Accroupis-toi sur le marchepied jusqu'à la route !

Voici les pages du roman de Steinbeck qui ont inspiré le scénario. Au cours de votre lecture de ces pages, interrogez-vous sur les différences entre les deux œuvres.

Un immense camion de transport était arrêté devant la petite auberge en bordure de la route. Le tuyau d'échappement vertical ronronnait doucement et un halo presque invisible de fumée bleu acier planait au-dessus de son extrémité. C'était un camion neuf, d'un rouge étincelant, avec sur les cotés une inscription en lettres de douze pouces : *Oklahoma City Transport Company*. Les pneus jumelés étaient neufs et un cadenas de cuivre saillait hors des ferrures sur les grandes portes, à l'arrière. À l'intérieur du restaurant,

[1] Interdiction de transporter des voyageurs. Ordre des propriétaires.

aux ouvertures protégées par un grillage métallique, un poste de T. S. F. jouait de la musique en sourdine, comme lorsque personne n'écoute. Un petit ventilateur tournait silencieusement dans l'œil-de-bœuf qui surmontait l'entrée et des mouches bourdonnaient fiévreusement autour des portes et des fenêtres, se heurtant aux grillages. À l'intérieur, l'unique client, le chauffeur du camion, juché sur un tabouret, s'accoudait au comptoir et par-dessus sa tasse de café regardait la serveuse maigrichonne et solitaire. Il parlait la langue alerte et impersonnelle des routiers :

- J'l'ai vu il y a à peu près trois mois. Venait d'être opéré. On lui avait enlevé quéq'chose. J'sais pas quoi.

Et elle :

- Il m'semble qu'il n'y a pas une semaine que je l'ai vu. L'avait l'air d'aller très bien. C'est pas un mauvais bougre quand il n'est pas rond.

De temps à autre les mouches venaient bourdonner doucement contre le grillage de la porte. Le percolateur laissa échapper un jet de vapeur et la serveuse, sans se retourner, tendit la main et ferma la manette.

Dehors, un homme qui marchait sur le bord de la route traversa et s'approcha du camion. Il s'avança lentement devant le capot, mit sa main sur le pare-chocs brillant et regarda l'étiquette : *No Riders* [1].

Un moment il eut l'air de vouloir continuer sa route, mais, se ravisant, il s'assit sur le marchepied du côté opposé au restaurant. Il n'avait pas plus de trente ans. Ses yeux étaient d'un brun sombre et ses pupilles étaient vaguement teintées de brun. Il avait de fortes pommettes et des rides profondes sillonnaient ses joues et s'incurvaient autour de la bouche. Sa lèvre supérieure était longue et comme ses dents avançaient, les lèvres se tendaient pour les couvrir, car l'homme tenait ses lèvres fermées. Ses mains étaient dures, aux doigts larges, avec des ongles épais et striés comme des petits coquillages. L'espace compris entre le pouce, l'index et la paume de ses mains était couvert de callosités luisantes.

L'homme avait des vêtements neufs – tout ce qu'il portait était bon marché et neuf. Sa casquette grise était neuve au point que la visière en était encore toute raide et que le bouton à pression y adhérait encore. Elle n'était pas informe et bosselée comme elle le serait après avoir rempli quelque temps les divers usages réservés aux casquettes : balluchon, serviette, mouchoir. Son complet était en tissu gris bon marché et si neuf que le pantalon avait encore son pli. L'apprêt donnait à sa chemise de cambrai bleu un aspect raide et lisse. Son veston était trop large, son pantalon trop court, car l'homme était grand. La couture à l'emmanchure du veston se rabattait sur les bras et même ainsi les manches étaient trop courtes et le devant du veston lui ballait sur le ventre. Il portait une paire de souliers jaune clair, neufs, du genre brodequins de l'armée, cloutés et munis de fers pour empêcher l'usure des talons. L'homme s'assit sur le marchepied, enleva sa casquette et s'en servit pour s'éponger le visage. Puis il se recoiffa et, tirant sur la visière, il en commença la destruction. Son attention se porta sur ses pieds. Il se pencha, desserra ses lacets et ne les renoua pas. Au-dessus de sa tête, le tuyau d'échappement du Diesel chuchotait de petites bouffées rapides de fumée bleue.

Dans le restaurant, la musique s'arrêta et une voix d'homme jaillit du haut-parleur, mais la serveuse ne l'interrompit pas ; elle ne s'était pas aperçue que la musique avait cessé. Ses doigts fureteurs avaient découvert une grosseur derrière son oreille. Elle essayait de l'apercevoir dans la glace du comptoir sans attirer l'attention du camionneur, aussi faisait-elle semblant de rajuster quelques mèches folles. Le camionneur dit :

- Il y a eu un grand bal à Shawnee. Paraît qu'y a eu quelqu'un de tué ou quéq'chose comme ça. N'êtes pas au courant ?

- Non, dit la serveuse en caressant tendrement la grosseur derrière son oreille.

Dehors, l'homme assis se leva, regarda par-dessus le capot du camion et observa le restaurant pendant un moment. Puis il se réinstalla sur le marchepied, tira un paquet de tabac et du papier à cigarette de sa poche de derrière. Il toisa lentement, artistement sa cigarette, l'examina, la lissa… Finalement il l'alluma et jeta l'allumette enflammée à ses pieds dans la poussière. Comme midi approchait, le soleil entama l'ombre du camion.

Dans le restaurant, le chauffeur paya sa note et mit les deux pièces de cinq cents qu'on lui avait rendues dans la fente d'une machine à sous. Les cylindres tournoyants ne s'arrêtèrent sur aucun chiffre.

- On les truque de façon à ce qu'on ne gagne jamais, dit-il à la serveuse.

Et elle répondit :

- Y a un type qu'a emporté le jackpot, y a pas deux heures. Trois dollars quatre vingts, qu'il s'est fait. Dans combien de temps que vous repasserez?

Il laissa entrouvert le grillage métallique.

[1] Interdiction de transporter des voyageurs.

- D'ici huit dix jours, fit-il. Faut que j'pousse jusqu'à Tulsa, et j'reviens jamais aussi vite que je le crois.

Elle grogna :

- Ne laissez pas entrer les mouches. Sortez ou entrez, l'un ou l'autre.

- Au revoir, dit-il en s'éloignant.

Le châssis en toile métallique claqua derrière lui. Debout au soleil, il sortit un morceau de chewing-gum de son enveloppe de papier. C'était un homme corpulent, aux épaules larges et au ventre lourd. Il avait le visage sanguin et ses yeux bleus étaient longs et étroits d'avoir cligné à la vive lumière des routes. Il portait un pantalon militaire et de grandes bottes lacées. Tout en tenant le morceau de chewing-gum à la hauteur de sa bouche il cria à travers le grillage de la porte :

- Et tâchez d'être sage pendant que j'serai parti !

La serveuse, tournée vers un miroir sur le mur au fond, grogna une réponse. Lentement, le camionneur mâchonna le bout de chewing-gum, ouvrant toutes grandes les mâchoires et les lèvres à chaque coup de dents. Il modela la gomme dans sa bouche, la roula sous sa langue tout en se dirigeant vers le grand camion rouge.

Le chemineau se leva et regarda à travers les portières.

- Vous pourriez pas m'emmener un bout de route, m'sieu ?

Le chauffeur lança un regard furtif vers le restaurant :

- Vous n'avez pas vu l'étiquette sur le pare-brise ?

- Si, j'l'ai vue. Mais des fois il y en a qui sont de chic types, même si un salaud de richard les force à porter une étiquette.

Le chauffeur, s'installant lentement dans le camion, médita là-dessus. S'il refusait maintenant, non seulement il n'était pas un chic type, mais encore il était obligé de porter une étiquette, il n'avait pas le droit d'avoir de la compagnie. S'il emmenait le chemineau, il devenait automatiquement un chic type et en plus, il n'était pas de ces gars qu'un salaud de richard pouvait faire marcher à sa fantaisie. Il sentait bien qu'il était possédé, mais il ne voyait pas le moyen de s'en tirer. Et il voulait être un chic type. Il regarda de nouveau le restaurant.

- Planque-toi sur le marchepied jusqu'à ce qu'on ait passé le tournant, dit-il.

John STEINBECK, *Les raisins de la colère (1939)*

1. Quelles différences avez-vous constatées entre le scénario du film et les pages du roman ? Ces différences concernent-elles l'histoire (le cadre, les personnages et les évènements*) ou la manière de raconter ?

2. Relevez un passage du roman que le scénariste n'a pas conservé et interrogez-vous sur la raison de cette suppression.

3. Un romancier et un cinéaste sont-ils tous deux tenus par des limites de longueur (en minutes pour un film, en pages pour un roman) ?

4. Lisez la critique suivante de l'extrait des *Raisins de la colère* que vous venez de découvrir.

   - Distinguez-y la thèse et les arguments.
   - Réagissez oralement à ce discours : dites si vous êtes d'accord en tout ou en partie avec son auteur. Si vous êtes d'accord, illustrez les arguments par des exemples tirés du texte de Steinbeck. Si ce n'est pas le cas, opposez à l'auteur vos propres arguments.

   Vous serez évalué(e) selon les critères suivants.

   - L'exposé comprend une thèse claire (une réaction, positive ou non, à la critique).
   - Les arguments et les exemples se fondent sur le texte de Steinbeck.
   - L'exposé comprend une concession et une réfutation.
   - Il est audible.
   - Il est compréhensible.
   - Le registre de langue employé est adéquat au sujet.
   - Le vocabulaire et la syntaxe sont corrects.

Pas étonnant que Steinbeck ne soit plus lu !

Le roman de Steinbeck est celui de la banalité. Des individus quelconques, à la personnalité informe, profèrent des discours ineptes dans des lieux sans intérêt. Comment un lecteur curieux des êtres et des choses pourrait-il s'intéresser à un univers aussi platement commun ?

Peut-être les lecteurs des années 40, qui ne disposaient ni de la télévision ni d'Internet pour se distraire, qui vivaient au ralenti, savouraient-ils longuement ces pages où il ne se passe rien ou presque. Aujourd'hui, nous n'avons plus le temps de faire du surplace en lisant, nous voulons que le récit avance, qu'il nous bouscule, qu'il entretienne un suspense, et surtout qu'il ait du rythme, comme les films que nous aimons. Pourquoi écrire en trois pages ce qu'on pourrait raconter en quinze lignes ?

Et puis, en corollaire, cette manie du détail ! Avons-nous besoin de savoir la couleur de la cravate d'un personnage ou la marque de ses chaussettes pour nous intéresser à lui ? Devons-nous connaître le style d'un buffet ou la matière d'un tissu pour nous faire une idée du décor ? Bien au contraire, une telle profusion de détails empêche le lecteur d'imaginer ! Trop, c'est trop !

Il faut bien avouer que l'auteur de la critique a vu juste sur plus d'un point. Il est vrai que l'univers créé par Steinbeck est bien banal, que le rythme de son récit est très lent, et que son œuvre pullule de détails. Mais ces caractéristiques sont-elles la marque d'un manque de talent littéraire ou méritent-elles une analyse un peu plus sérieuse ? À vous d'en juger après avoir pris connaissance des explications suivantes.

2.1.1. La banalité

Rappelez-vous : l'un des projets prioritaires des artistes réalistes est de décrire la réalité dans tous ses aspects, y compris les plus triviaux, les plus communs. C'est en cela, notamment, qu'ils s'opposent aux artistes romantiques, plus tentés par l'exception que par la règle, par l'idéal que par le normal (cf. Chapitre I, Synthèse partielle, p. 20).

Il ne faut pourtant pas confondre prosaïsme du sujet et absence de talent artistique ou littéraire. La scène du restaurant dans *Les raisins de la colère* peut nous aider à échapper à cet amalgame.

Certes, les deux personnages sont tout à fait banals : le chauffeur et la serveuse n'échangent que des bribes de conversation sans aucun intérêt ; ils ne communiquent pas vraiment. Mais sont-ils pour autant indignes d'intérêt ? Si on prend le temps de lire entre les lignes, on peut comprendre que l'un et l'autre se sentent bien seuls jour après jour et que le moindre prétexte leur est bon pour briser leur solitude, y compris une conversation sur une vague relation commune.

Certes, le restaurant est aussi quelconque que les personnages ; il en existe sans doute des milliers de semblables au bord des routes américaines, qui ne mériteraient pas plus d'attention que celui-ci. Mais, si on relit attentivement cet extrait, on s'aperçoit que le restaurant n'est pas tant décrit qu'évoqué à l'aide de quelques noms d'objets typiques de ce type de lieu : un ventilateur, un tabouret, un comptoir, un percolateur, un poste de radio, une machine à sous. Au lecteur de (re)constituer mentalement le lieu à partir de ces quelques objets. Et puis, ce qui compte surtout, c'est l'évocation discrète d'une atmosphère lourde, celle de l'été sans pluie de l'Oklahoma, rendue palpable par l'acharnement des mouches.

Bref, le lecteur qui prend le temps de s'attarder sur ces pages peut se créer des images mentales du restaurant et des personnages, se laisser gagner par l'atmosphère suffocante. Pour produire un tel effet de réalité avec des moyens très simples, il faut beaucoup de talent.

2.1.2. Le rythme lent

Il existe des romans de deux-cents* pages qui racontent l'histoire d'une vie entière et d'autres, longs de cinq-cents* pages, qui relatent les évènements* d'une seule journée. Ces deux exemples extrêmes suffisent à démontrer qu'il n'existe aucune correspondance invariable entre la longueur d'un récit et la durée de l'histoire qu'il rapporte.

Au sein d'un même récit, le rythme varie fréquemment : il se ralentit ou s'accélère pour diverses raisons. On peut distinguer quatre cadences et les classer comme suit, de la plus lente à la plus rapide.

a) La pause : le texte progresse, mais l'histoire n'avance pas d'un pouce. Autrement dit, le narrateur arrête le temps sans s'arrêter de raconter.

b) La scène : le narrateur est censé raconter tout ce qui se passe dans un laps de temps donné. Tout semble se passer "en temps réel".

c) Le sommaire : le narrateur résume les évènements*, ne raconte pas tout ce qui se passe.

d) L'ellipse : le texte ne progresse pas, mais l'histoire, elle, avance. Autrement dit, le narrateur ne raconte pas certains évènements*, qui se déroulent pourtant.

Les exercices qui suivent vous permettront d'illustrer plusieurs de ces cadences narratives.

1. Lignes 1-5 ("Un immense...arrière")

   - Ces lignes font-elles avancer l'histoire ?
   - Quelle cadence narrative ce passage illustre-t-il ?

2. Lignes 9-18 ("À l'intérieur...manette")

   - Quelle(s) cadence(s) narrative(s) est (sont) utilisée(s) dans ces lignes ?
   - Dites quel(s) temps du passé est (sont) utilisé(s). Selon vous, existe-t-il une relation entre ce(s) temps et la (les) cadence(s) narrative(s) ?
   - Pouvez-vous dire en combien de temps se déroulent les évènements* racontés ?

3. Lignes 19-39 ("Dehors...ne renoua pas")

   - Repérez une pause et dites par quel type d'information elle est occupée.
   - Pouvez-vous dire en combien de temps se déroulent les évènements* racontés ?

4. Ligne 41 – fin ("Dans le restaurant...dit-il")

   - Quelle cadence domine dans cet extrait ?
   - Relevez-y une autre cadence que celle qui domine.
   - Pouvez-vous dire en combien de temps se déroulent les évènements* racontés ?

En conclusion, on peut effectivement dire que le rythme de cet extrait est lent parce que le cours de l'histoire est comme suspendu par des descriptions et des portraits assez longs. La lenteur d'un récit n'est pourtant pas un défaut en soi. Elle ne le devient que si les pauses descriptives sont purement gratuites. Est-ce le cas ici ? Par exemple, le lecteur a-t-il besoin de connaitre* autant de détails à propos du voyageur inconnu pour comprendre et apprécier la suite du récit ?

2.1.3. Les détails dans un portrait

L'accumulation de détails peut paraitre* bien vaine si elle n'est pas au service du sens général de l'œuvre. Le portrait du voyageur inconnu est-il vraiment utile ou ne constitue-t-il qu'un ornement ? S'il est purement ornemental, le lecteur aurait de bonnes raisons de sauter allégrement le portrait pour aller à l'essentiel, c'est-à-dire aux évènements* ou aux dialogues. Si, par contre, le portrait est utile, il vaut la peine qu'on s'y attarde. Pour vous faire une idée personnelle, répondez d'abord aux questions suivantes.

1. Le narrateur pénètre-t-il dans les pensées du personnage ou reste-t-il extérieur à lui ? Le regarde-t-il de près ou de loin ?
2. Que pouvez-vous savoir de l'inconnu grâce à la description de ses mains ? Posez des hypothèses.
3. Par la répétition de certains termes, le narrateur insiste sur deux caractéristiques principales des vêtements. Quelles sont ces caractéristiques ?
4. On apprend aussi que les vêtements ne conviennent pas à l'inconnu. À partir de cette information et de celles que vous avez récoltées plus haut, posez des hypothèses sur le passé de l'individu.

Les hypothèses que vous avez posées seront confirmées ou infirmées par la suite du récit. Quoi qu'il en soit, elles constituent un moteur d'intérêt : si vous poursuivez la lecture du roman, vous n'aurez de cesse de trouver une réponse à vos questions. Loin d'être un motif de démotivation, ce portrait peut jouer un rôle d'incitateur.

Avant de quitter définitivement *Les raisins de la colère*, penchez-vous de nouveau sur la fin du récit, à partir de la ligne 81.

5. Dans ces lignes se trouve le seul récit de pensées de tout l'extrait. Délimitez-le et repérez le verbe qui l'annonce.
6. Par ce récit de pensées, qu'apprend le lecteur à propos du chauffeur ? Qu'apprend-il à propos du voyageur inconnu ? Citez ici des caractéristiques mentales ou morales.
7. Ces informations sont-elles explicites ou implicites ? Autrement dit, vous a-t-il suffi de les prélever dans le texte ou avez-vous dû les construire par inférence ?

2.2. Une galerie de portraits

Vous allez découvrir un fragment de la nouvelle de Guy de Maupassant intitulée *Boule de Suif*.

Hiver 1870. La France est vaincue par la Prusse. Une partie du territoire national est occupée par les armées ennemies, alors que les forces françaises sont en déroute. Par un petit matin glacial, une diligence quitte la ville de Rouen pour se rendre à Dieppe. Les dix occupants de la voiture espèrent embarquer pour le Havre, toujours aux mains des Français.

Au cours de votre lecture, demandez-vous si l'histoire progresse grâce à cet extrait.

Dans la voiture, on se regardait curieusement, à la triste clarté de cette aurore.

Tout au fond, aux meilleures places, sommeillaient, en face l'un de l'autre, M. et Mme Loiseau, des marchands de vins en gros de la rue Grand-Pont.

Ancien commis d'un patron ruiné dans les affaires, Loiseau avait acheté le fonds et fait fortune. Il vendait à très bon marché de très mauvais vins aux petits débitants des campagnes et passait parmi ses connaissances et ses amis pour un fripon madré, un vrai Normand plein de ruses et de jovialité.

Sa réputation de filou était si bien établie, qu'un soir à la préfecture, M. Tournel, auteur de fables et de chansons, esprit mordant et fin, une gloire locale, ayant proposé aux dames qu'il voyait un peu somnolentes de faire une partie de "Loiseau vole", le mot lui-même vola à travers les salons du préfet, puis, gagnant ceux de la ville, avait fait rire pendant un mois toutes les mâchoires de la province.

Loiseau était en outre célèbre par ses farces de toute nature, ses plaisanteries bonnes ou mauvaises ; et personne ne pouvait parler de lui sans ajouter immédiatement "Il est impayable, ce Loiseau." De taille exiguë, il présentait un ventre en ballon surmonté d'une face rougeaude entre deux favoris grisonnants.

Sa femme, grande, forte, résolue, avec la voix haute et la décision rapide, était l'ordre et l'arithmétique de la maison de commerce, qu'il animait par son activité joyeuse.

À côté d'eux se tenait, plus digne, appartenant à une caste supérieure, M. Carré-Lamadon, homme considérable, posé dans les cotons, propriétaire de trois filatures, officier de la Légion d'honneur et membre du Conseil général[1]. Il était resté, tout le temps de l'Empire[2], chef de l'opposition bienveillante, uniquement pour se faire payer plus cher son ralliement à la cause qu'il combattait avec des armes courtoises, selon sa propre expression. Mme Carré-Lamadon, beaucoup plus jeune que son mari, demeurait la consolation des officiers de bonne famille envoyés à Rouen en garnison.

Elle faisait vis-à-vis à son époux, toute petite, toute mignonne, toute jolie, pelotonnée dans ses fourrures et regardait d'un œil navré l'intérieur lamentable de la voiture.

Ses voisins, le comte et la comtesse Hubert de Bréville, portaient un des noms les plus nobles de Normandie. Le comte, vieux gentilhomme de grande tournure, s'efforçait d'accentuer par les artifices de sa toilette, sa ressemblance naturelle avec le roi Henri IV[3] qui, suivant une légende glorieuse pour la famille, avait rendu grosse une dame de Bréville dont le mari, pour ce fait, était devenu comte et gouverneur de province.

Collègue de M. Carré-Lamadon au Conseil général, le comte Hubert représentait le parti orléaniste[4] dans le département. L'histoire de son mariage avec la fille d'un petit armateur de Nantes était toujours demeurée mystérieuse. Mais comme la comtesse avait grand air, recevait mieux que personne, passait même pour avoir été aimée par un des fils de Louis-Philippe, toute la noblesse lui faisait fête, et son salon demeurait le premier du pays, le seul où se conservât la vieille galanterie, et dont l'entrée fût difficile.

La fortune des Bréville, toute en biens-fonds[5], atteignait, disait-on, cinq cent mille livres de revenu.

Ces six personnes formaient le fond de la voiture, le côté de la société rentée[6], sereine et forte, des honnêtes gens autorisés qui ont de la Religion et des Principes.

Par un hasard étrange, toutes les femmes se trouvaient sur le même banc ; et la comtesse avait encore pour voisines deux bonnes sœurs qui égrenaient de longs chapelets en marmottant des Pater et des Ave. L'une était vieille avec une face défoncée par la petite vérole comme si elle eût reçu à bout portant une bordée de mitraille en pleine figure. L'autre, très chétive, avait une tête jolie et maladive sur une poitrine de phtisique rongée par cette foi dévorante qui fait les martyrs et les illuminés.

En face des deux religieuses, un homme et une femme attiraient les regards de tous.

L'homme, bien connu, était Cornudet le démoc[7], la terreur des gens respectables. Depuis vingt ans, il trempait sa grande barbe rousse dans les bocks de tous les cafés démocratiques. Il avait mangé avec les frères et amis une assez belle fortune qu'il tenait de son père, ancien confiseur, et il attendait impatiemment la République pour obtenir enfin la place méritée par tant de consommations révolutionnaires. Au quatre septembre[8], par suite d'une farce peut-être, il s'était cru nommé préfet, mais quand il voulut entrer en fonctions, les garçons de bureau, demeurés seuls maîtres de la place, refusèrent de le reconnaître, ce qui le contraignit à la retraite. Fort bon garçon, du reste, inoffensif et serviable, il s'était occupé avec une ardeur incomparable d'organiser la défense. Il avait fait creuser des trous dans les plaines, coucher tous les jeunes arbres des forêts voisines, semé des pièges sur toutes les routes, et, à l'approche de l'ennemi, satisfait de ses préparatifs, il s'était vivement replié vers la ville. Il pensait maintenant se rendre plus utile au Havre, où de nouveaux retranchements allaient être nécessaires.

---

1 Assemblée élue dans chaque région de France.
2 Le second Empire (1851-1870) a connu un seul souverain : Napoléon III, neveu de Napoléon Ier. Durant toute cette période, le régime en place se montre peu respectueux des libertés politiques ; l'Empereur s'arroge des pouvoirs exorbitants et instaure une véritable dictature.
3 Roi de France de la fin du XVIe siècle, célèbre, entre autres choses, par sa vigueur sexuelle.
4 Parti favorable au petit-fils du roi Louis-Philippe, qui a régné entre 1830 et 1848.
5 Biens immeubles, comme terres et maisons.
6 Qui vit de revenus de biens ou de capitaux.
7 Le démocrate, ou encore le républicain (favorable au retour à la République).
8 Le 4 septembre 1870, l'Assemblée proclame la déchéance de l'Empereur, qui s'exile en Angleterre.

La femme, une de celles appelées galantes, était célèbre par son embonpoint précoce qui lui avait valu le surnom de Boule de Suif. Petite, ronde de partout, grasse à lard, avec des doigts bouffis, étranglés aux phalanges, pareils à des chapelets de courtes saucisses ; avec une peau luisante et tendue, une gorge énorme qui saillait sous sa robe, elle restait cependant appétissante et courue, tant sa fraîcheur faisait plaisir à voir. Sa figure était une pomme rouge, un bouton de pivoine prêt à fleurir, et là-dedans s'ouvraient, en haut, deux yeux noirs magnifiques, ombragés de grands cils épais qui mettaient une ombre dedans, en bas, une bouche charmante, étroite, humide pour le baiser, meublée de quenottes luisantes et microscopiques. Elle était de plus, disait-on, pleine de qualités inappréciables.

Aussitôt qu'elle fut reconnue, des chuchotements coururent parmi les femmes honnêtes, et les mots de "prostituée", de "honte publique" furent chuchotés si haut qu'elle leva la tête. Alors elle promena sur ses voisins un regard tellement provocant et hardi qu'un grand silence aussitôt régna, et tout le monde baissa les yeux à l'exception de Loiseau, qui la guettait d'un air émoustillé.

Guy de MAUPASSANT, *Boule de Suif* (1880)

1. L'histoire progresse-t-elle grâce à cet extrait ? Si oui, résumez les principaux évènements* qui s'y déroulent. Si non, justifiez votre réponse en mobilisant vos connaissances sur les cadences narratives.

2. Maupassant a choisi un ordre de présentation des personnages correspondant aux places dans la diligence. Mais ces places dans la diligence sont elles-mêmes significatives de la société de l'époque. Justifiez cette dernière affirmation.

3. Le narrateur prend-il position à l'égard de chacun des personnages qu'il décrit ? Lui est-il favorable ou défavorable ? Pour répondre à cette question, chacun de vous relira un portrait.

4. Le paragraphe qui suit fait la synthèse des six premiers portraits. Comment peut-on comprendre le passage souligné ? Pour répondre à cette question, demandez-vous si les caractéristiques soulignées s'accordent avec ce que vous avez appris précédemment des personnages.

    - *Ces six personnes formaient le fond de la voiture, le côté de la société rentée, sereine et forte, des honnêtes gens autorisés qui ont de la Religion et des Principes.* (lignes 35-36)

5. À plusieurs endroits du texte, le narrateur semble insinuer certaines choses. Selon vous, que suggère-t-il dans chacun des extraits suivants ?

    - *(...) pour se faire payer plus cher son ralliement à la cause qu'il combattait avec des armes courtoises, selon sa propre expression* (lignes 19-20).

    - *Mme Carré-Lamadon, beaucoup plus jeune que son mari, demeurait la consolation des officiers de bonne famille envoyés à Rouen en garnison* (lignes 20-21).

    - *(...) pour obtenir enfin la place méritée par tant de consommations révolutionnaires* (lignes 45-46).

6. Vous ne pouvez pas porter de jugement pertinent sur l'utilité de ces portraits sans avoir lu la suite. Par contre, grâce aux réponses que vous avez apportées aux questions précédentes, vous pouvez poser des hypothèses sur celle-ci. Précisez sur quels indices du texte vous fondez ces hypothèses.

2.3. Faisons le point

2.3.1. Synthèse sur le portrait

Synthèse

1. La matière d'un portrait peut être :

   - physique (caractéristiques corporelles et vestimentaires, gestes, tics...),
   - psychologique (traits de caractère, sentiments et pensées...),
   - morale (sens des valeurs, du bien et du mal...),
   - sociale (position dans la société).

2. Il existe de nombreuses variétés dans la manière de dresser un portrait, variétés engendrées par la combinaison des facteurs suivants.

   - Le narrateur crée une pause descriptive (cf. le portrait physique de l'inconnu) ou suggère des caractéristiques tout en poursuivant le récit des évènements* (cf. le portrait mental du chauffeur à travers le récit de pensées).
   - Le portrait est explicite ou le lecteur doit l'inférer.
   - Le portrait est plus ou moins fouillé, ou plus ou moins esquissé. Quoi qu'il en soit, tout portrait résulte d'un choix subjectif de caractéristiques ; et tout choix est révélateur d'intentions.
   - Le narrateur extérieur à l'univers de l'histoire (qui raconte à la troisième personne) décrit son personnage comme le ferait un témoin extérieur dans la vie, ou pénètre dans les pensées du personnage.

3. Tout lecteur reste libre en définitive de trouver ou non de l'intérêt ou de l'utilité à un portrait. Toutefois, il doit y regarder de plus près avant de sauter des lignes ou des pages : un romancier de talent glisse souvent dans un portrait des éléments très utiles à la compréhension de la suite du récit.

4. Les auteurs réalistes du XIXe siècle ont clamé leur volonté d'effacer toute trace de leur présence dans leur récit. Cet idéal d'impersonnalité ou d'objectivité n'est atteint par aucun ; tous s'impliquent plus ou moins visiblement, notamment dans les portraits qu'ils brossent. Et comment en serait-il autrement ? D'une part, aussi fouillé que soit un portrait, il résulte toujours d'une sélection d'informations : on ne peut tout dire d'un personnage sur les plans physique, moral, social, psychologique... Or, toute sélection d'informations est par essence subjective. D'autre part, l'auteur-narrateur est un être humain qui décrit un autre être humain, fût-il imaginaire, et il ne peut tout à fait éviter d'éprouver des sentiments vis-à-vis de son sujet, de porter sur celui-ci des jugements. Les psychologues savent bien, eux qui travaillent sur de l'humain, qu'ils ne peuvent rester tout à fait neutres dans leurs comptes rendus d'observations. Bref, le portrait révèle souvent autant la personnalité de l'observateur (le narrateur) que celle de l'observé (le personnage).

5. S'il n'est pas douteux que tout auteur, tout narrateur s'implique dans le portrait de ses personnages, chacun le fait à sa manière. Le narrateur des *Raisins de la colère* sélectionne bien sûr les informations qu'il estime utiles, mais ne porte aucun jugement, ne manifeste aucun sentiment à l'égard de ses personnages. Il décrit le voyageur comme le ferait un policier ou un médecin légiste chargés d'identifier le corps d'un inconnu : il examine de très près ses mains et son visage pour les faire "parler" et permet ainsi au lecteur de poser des hypothèses sur la suite de l'histoire. Le narrateur de *Boule de Suif* s'implique bien davantage dans sa galerie de portraits : il marque sa préférence pour la prostituée et réserve son ironie aux gens respectables et aux opportunistes. Il présente ses personnages comme s'il était un onzième passager de la diligence, un habitant de Rouen qui serait au courant de tous les ragots colportés dans la ville depuis de nombreuses années. Lui aussi permet au lecteur de poser des hypothèses sur la suite de l'histoire.

2.3.2. Portrait en pied de Nana

1. Au fil de votre lecture, répondez aux questions suivantes :

- Qui, dans ces pages, avez-vous le loisir de regarder ?
- Que voyez-vous ? Précisez "la matière" de chaque portrait, ainsi que vos réactions.

Un des plaisirs de Nana était de se déshabiller en face de son armoire à glace, où elle se voyait en pied. Elle faisait tomber jusqu'à sa chemise ; puis, toute nue, elle s'oubliait, elle se regardait longuement. C'était une passion de son corps, un ravissement du satin de sa peau et de la ligne souple de sa taille, qui la tenait sérieuse, attentive, absorbée dans un amour d'elle-même. Souvent, le coiffeur la trouvait ainsi, sans qu'elle tournât la tête. Alors, Muffat se fâchait, et elle restait surprise. Que lui prenait-il ? Ce n'était pas pour les autres, c'était pour elle.

Ce soir-là, voulant se mieux voir, elle alluma les six bougies des appliques. Mais, comme elle laissait glisser sa chemise, elle s'arrêta, préoccupée depuis un moment, ayant une question au bord des lèvres.

- Tu n'as pas lu l'article du Figaro ?... Le journal est sur la table. (...)

- On prétend qu'il s'agit de moi [1], là-dedans, reprit-elle en affectant un air d'indifférence. Hein ? Chéri, quelle est ton idée ?

Et, lâchant la chemise, attendant que Muffat eût fini sa lecture, elle restait nue. Muffat lisait lentement. La chronique de Fauchery, intitulée "La Mouche d'Or", était l'histoire d'une jeune fille, née de quatre ou cinq générations d'ivrognes, le sang gâté par une sombre hérédité de misère et de boisson, qui se transformait chez elle en un détraquement nerveux de son sexe de femme. Elle avait poussé dans un faubourg, sur le pavé parisien; et, grande, belle, de chair superbe ainsi qu'une plante de plein fumier, elle vengeait les gueux et les abandonnés dont elle était le produit. Avec elle, la pourriture qu'on laissait fermenter dans le peuple remontait et pourrissait l'aristocratie. Elle devenait une force de la nature, un ferment de destruction, sans le vouloir elle-même, corrompant et désorganisant Paris entre ses cuisses de neige, le faisant tourner comme des femmes, chaque mois, font tourner le lait. Et c'était à la fin de l'article que se trouvait la comparaison de la mouche, une mouche couleur de soleil, envolée de l'ordure, une mouche qui prenait la mort sur les charognes tolérées le long des chemins, et qui, bourdonnante, dansante, jetant un éclat de pierreries, empoisonnait les hommes rien qu'à se poser sur eux, dans les palais où elle entrait par les fenêtres. Muffat leva la tête, les yeux fixes regardant le feu.

Mais il ne répondit pas. Il parut vouloir relire la chronique. Une sensation de froid coulait de son crâne sur ses épaules. Cette chronique était écrite à la diable, avec des cabrioles de phrases, une outrance de mots imprévus et de rapprochements baroques. Cependant, il restait frappé par sa lecture, qui, brusquement, venait de réveiller en lui tout ce qu'il n'aimait point à remuer depuis quelques mois.

Alors il leva les yeux. Nana s'était absorbée dans son ravissement d'elle-même. Elle pliait le cou, regardant avec attention dans la glace un petit signe brun[2] qu'elle avait au-dessus de la hanche droite ; et elle le touchait du bout du doigt, elle le faisait saillir en se renversant davantage, le trouvant sans doute drôle et joli, à cette place. Puis, elle étudia d'autres parties de son corps, amusée, reprise de ses curiosités vicieuses d'enfant. Ça la surprenait toujours de se voir ; elle avait l'air étonné et séduit d'une jeune fille qui découvre sa puberté. Lentement, elle ouvrit les bras pour développer son torse de Vénus grasse, elle ploya la taille, s'examinant de dos et de face, s'arrêtant au profil de sa gorge[3], aux rondeurs fuyantes de ses cuisses. Et elle finit par se plaire au singulier jeu de se balancer, à droite, à gauche, les genoux écartés, la taille roulant sur les reins, avec le frémissement continu d'une almée dansant la danse du ventre.

Muffat la contemplait. Elle lui faisait peur. Le journal était tombé de ses mains. Dans cette minute de vison nette, il se méprisait. C'était cela : en trois mois, elle avait corrompu sa vie, il se sentait déjà gâté jusqu'aux moelles par des ordures qu'il n'aurait pas soupçonnées. Tout allait pourrir en lui, à cette heure. Il eut un instant conscience des accidents du mal, il vit la désorganisation apportée par ce ferment, lui empoisonné, sa famille détruite, un coin de société qui craquait et s'effondrait. Et, ne pouvant détourner les yeux, il la regardait fixement, il tâchait de s'emplir du dégoût de sa nudité.

Nana ne bougea plus. Un bras derrière la nuque, une main prise dans l'autre, elle renversait la tête, les coudes écartés. Il voyait en raccourci ses yeux mi-clos, sa bouche entr'ouverte, son visage noyé d'un rire

---

1 À ce moment de l'histoire, Nana est mi-actrice, mi-prostituée. C'est bien d'elle que traite la chronique publiée dans *Le Figaro* par le journaliste Fauchery sous le titre"La Mouche d'Or".

2 un point de beauté.

3 de ses seins.

amoureux ; et, par derrière, son chignon de cheveux jaunes dénoué lui couvrait le dos d'un poil de lionne. Ployée et le flanc tendu, elle montrait les reins solides, la gorge dure d'une guerrière, aux muscles forts sous le grain satiné de la peau. Une ligne fine, à peine ondulée par l'épaule et la hanche, filait d'un de ses coudes à son pied. Muffat suivait ce profil si tendre, ces fuites de chair blonde se noyant dans des lueurs dorées, ces rondeurs où la flamme des bougies mettait des reflets de soie. Il songeait à son ancienne horreur de la femme, au monstre de l'Écriture, lubrique, sentant le fauve. Nana était toute velue, un duvet de rousse faisait de son corps un velours ; tandis que, dans sa croupe et ses cuisses de cavale, dans les renflements charnus, creusés de plis profonds, qui donnaient au sexe le voile troublant de leur ombre, il y avait de la bête. C'était la bête d'or, inconsciente comme une force, et dont l'odeur seule gâtait le monde. Muffat regardait toujours, obsédé, possédé, au point qu'ayant fermé les paupières, pour ne plus voir, l'animal reparut au fond des ténèbres, grandi, terrible, exagérant sa posture. Maintenant, il serait là, devant ses yeux, dans sa chair, à jamais.

Mais Nana se pelotonnait sur elle-même. Un frisson de tendresse semblait avoir passé dans ses membres. Les yeux mouillés, elle se faisait petite, comme pour se mieux sentir. Puis, elle dénoua les mains, les abaissa le long d'elle par un glissement, jusqu'aux seins, qu'elle écrasa d'une étreinte nerveuse. Et rengorgée, se fondant dans une caresse de tout son corps, elle se frotta les joues à droite et à gauche, contre ses épaules, avec câlinerie. Sa bouche goulue soufflait sur elle le désir. Elle allongea les lèvres, elle se baisa longuement près de l'aisselle, en riant à l'autre Nana, qui, elle aussi, se baisait dans la glace.

Alors, Muffat eut un soupir las et prolongé. Ce plaisir solitaire l'exaspérait. Brusquement, tout fut emporté en lui, comme par un grand vent. Il prit Nana à bras le corps dans un élan de brutalité, et la jeta sur le tapis.

Émile ZOLA, *Nana* (1880)

2. Dans ces mêmes pages,

   - Qui regarde qui ?
   - Comment chacun regarde-t-il ?
   - Que voit chacun ?

3. Sur la base des réponses apportées aux questions 1. et 2. ci-dessus, diriez-vous que le portrait de Nana est une photographie objective ?

4. En quoi la lecture de "La Mouche d'or" influence-t-elle le regard de Muffat sur Nana ?

5. Imaginez la suite de l'histoire : que va-t-il se passer, selon vous ? Pourquoi ?

6. Voici à présent deux extraits de la presse de l'époque. À partir des pages que vous avez lues, prononcez-vous sur ces prises de position. En d'autres termes, dites si, selon vous, chacune est vraie ou fausse, et argumentez votre réponse. Le cas échéant, avancez une autre opinion, personnelle et argumentée.

(...) les obscénités qui émaillent (ce livre) ne sont évidemment qu'un appât pour les vieillards libidineux et les curieuses de tout âge.

Léon Chapron, dans *L'Evénement* du 26 février 1879.

Nana *n'est pas seulement une œuvre d'artiste, et de bel artiste, c'est encore un grand cri d'honnête homme, bouleversé de voir l'avilissement de l'espèce humaine et l'effondrement graduel de toutes les fiertés sur lesquelles nos sociétés sont bâties.*

Émile Bergerat, dans *La Vie moderne* du 21 février 1880.

2.3.3. Écriture d'une galerie de portraits

Écrivez le début d'un récit réaliste consistant en une galerie de portraits. Vous vous inspirerez de l'exemple de *Boule de Suif,* mais vous moderniserez l'histoire en la situant dans un cadre contemporain. Quel que soit ce cadre, vous y situerez six voyageurs très différents les uns des autres, mais qui sont réunis dans un véhicule par un but commun ou une même activité.

Vous serez évalué(e) selon les critères suivants.

- Le narrateur est extérieur à l'univers de l'histoire.
- Il donne à connaitre* chaque personnage par un portrait explicite, mais aussi par ses gestes, ses paroles ou ses pensées.
- Il prend position implicitement sur chaque personnage, le présente comme sympathique ou antipathique.
- L'ordre de présentation est bien choisi.
- Le narrateur invente une situation contemporaine vraisemblable.
- Le récit est écrit au passé.
- Il est correct sur le plan linguistique.

CHAPITRE 3.

DU RÉALISME AU NATURALISME

3.1. Une adaptation récente de *Nana* pour l'écran

Voici tout d'abord quelques textes de septembre 2000. Ils annoncent la programmation en deux parties, par la RTBF, du téléfilm d'Alberto Negrin transposant pour le petit écran le roman *Nana* d'Émile Zola.

Vous disposez d'une demi-heure pour préparer une synthèse de ces textes, en vue d'un exposé oral de trois minutes : quelques-uns parmi vous seront invités à présenter aux autres les résultats de leur travail. Chacun, cependant, conservera les notes qu'il aura prises : elle viendront à point plus tard.

Votre travail présentera les caractéristiques suivantes :

1. Vous prélèverez dans les textes précités toutes les données qui permettent un résumé de l'intrigue ; vous confectionnerez ce résumé, en veillant à ce qu'il soit intelligible et cohérent.

2. Les annonces du film ne sont pas neutres : elles comportent, au niveau des titres, des photos et du texte lui-même, des données qui prédisposent à regarder le film de telle ou telle manière. Vous sélectionnerez et rassemblerez tous les éléments vous permettant de dire comment le téléspectateur potentiel est conditionné à voir le film. Vous formulerez votre réaction personnelle à cette mise en condition.

3. Vous restez libres de la forme que prendra votre synthèse écrite. Évitez seulement de rédiger un texte continu : vous n'en aurez guère le temps ; la seule chose qui compte, c'est que votre synthèse puisse servir de support écrit à votre exposé oral.

Francesca Dellera : «Qu'on oublie mon corps !»

«Quand j'étais petite, je voulais devenir missionnaire en Afrique pour soulager la misère», confesse Francesca Dellera, convertie depuis en éternelle starlette du cinéma italien aux décolletés vertigineux...

Mardi à 21.20 sur La Une, la Dellera incarne Nana, le personnage de Zola, dans un téléfilm en deux parties coproduit par la RTBF. Elle y donne la réplique à Bernard Giraudeau et Jacques Perrin.

Totalement inconnue, Nana, 18 ans, paraît au théâtre, fort dénudée, dans l'opéra-bouffe «La Blonde Vénus». Le lendemain, tout Paris ne parle que d'elle. Elle sera sa coqueluche jusqu'à 21 ans, quand elle meurt, rongée par la syphilis.

La comédienne italienne n'est pas la première à incarner l'héroïne du roman de Zola publié en 1880. Déjà en 1926, Jean Renoir met en scène une «Nana» ayant les traits de Catherine Hessling et, en 1955, Christian-Jaque lui prête le visage de Martine Carol. En 1981, la télévision confie le rôle à une jeune inconnue de 24 ans, Véronique Genest, future Julie Lescaut.

DR

©Van Parys Media

À 35 ans, elle incarne une «Nana» bien différente de celle interprétée à 24 ans par Véronique Genest (ci-dessus)

1 mar 21.20 «Nana»

Alberto Negrin, le réalisateur italien de la nouvelle adaptation, a choisi un autre parti : une actrice dotée d'une certaine notoriété et plus âgée que le personnage. Francesca Dellera, de son vrai nom Francesca Cervellera, est née il y a 35 ans à Latina, dans les environs de Rome. Après ses études, la jeune fille n'a qu'une envie : faire du cinéma. Première étape : les studios de photos et les spots de pub pour dentifrices et bains moussants. Selon la légende, c'est dans un piano-bar qu'un réalisateur de cinéma la découvre et lui propose le premier rôle de «Caprice», un film à but clairement érotique. «J'ai accepté car j'ai pensé que le succès arriverait plus vite. J'aime brûler les étapes.»

Son agent lui construit alors une image de «star à l'ancienne» : sa peau ne doit jamais voir le soleil pour préserver un teint de lait, elle ne peut sortir que gainée dans des robes à couper le souffle et ne surtout pas parler. Il faut attendre «La Chair», de Marco Ferreri, où elle finit mangée par son partenaire et qui fit scandale à Cannes en 91, pour découvrir sa vraie voix. Jusque là, elle était doublée, même dans sa propre langue.

Deux ans plus tard, elle tourne «L'Ours en peluche» avec son idole, Alain Delon. Ce qui n'empêche pas ses rapports avec la star d'être houleux. Idem avec un autre monstre sacré, Gina Lollobrigida, qui joue sa mère dans un téléfilm. «Il lui a été difficile d'accepter qu'une jeune actrice interprète le rôle qu'elle avait joué autrefois. Elle s'est vengée en me méprisant. Elle m'a au moins appris à accepter de ne pas avoir éternellement 20 ans...» Aujourd'hui, la Dellera n'a qu'une envie : «Qu'on oublie mon corps pour juger ce que j'ai dans la tête.»

René MICHIELS

© Isopress

«Petite, je voulais être missionnaire», confie l'actrice

21.20 NANA

Téléfilm (1/2) d'Alberto Negrin (2000, Belgique/France/Italie)

Avec Francesca Dellera (Nana), Bernard Giraudeau (Muffat)

Paris, XIXe siècle. Péripatéticienne sensuelle et pulpeuse, Nana fait une apparition remarquée dans son interprétation de "La Belle Vénus". Si son talent d'actrice laisse à désirer, elle n'en fait pas moins tourner la tête de la gent masculine du Tout-Paris.

Qu'en penser ?

La mise en scène somptueuse restitue le faste de l'époque et donne une belle allure à cette adaptation de l'œuvre de Zola. Francesca Dellera confère à son personnage un charme évaporé et Bernard Giraudeau porte avec élégance le costume d'époque. •1684426•

21.20 NANA

Téléfilm (2/2) d'Alberto Negrin (Belgique/France/Italie)

Avec Francesca Dellera (Nana), Bernard Giraudeau (Muffat)

Aux côtés de Fontan, Nana tente d'oublier son passé de débauche et joue la parfaite femme d'intérieur. Mais la malchance la rattrape. Tandis que Fontan, ruiné, se met à boire et devient violent, Bordenave est contraint de fermer le théâtre.

Qu'en penser ?

Amour, duel, manigances et déceptions, l'univers de Zola se condense et décrit une galerie de personnages campés avec conviction. La reconstitution d'époque soignée achève en beauté cette seconde partie qui plonge en plein drame. •1412201•

(*Télépro/Télévif*, semaine du 15-21/09/00)

Mardi 19 septembre

A la télé ce soir

21h20 **LA UNE**

NANA

Par qui le scandale...

Lors de sa parution en 1880, ***Nana*** obtient un succès immédiat, épicé de scandale. Le personnage créé par **Emile Zola** était trop vrai pour ne pas choquer: pour s'élever socialement, une jeune femme pauvre n'a d'autres armes que sa beauté et sa vertu sacrifiée. Le regard qu'elle porte sur la société bourgeoise de l'époque est dès lors sans équivoque: *"C'est pourriture à tous les étages."*

■ Les **adaptations télévisuelles** du roman n'ont pas manqué. La dernière en date - six épisodes d'une heure - remonte à 1981. Elle était l'œuvre de **Maurice Cazeneuve** et donna à **Véronique Genest** (aujourd'hui Julie Lescaut) son premier grand rôle.

■ C'est **Francesca Dellera** qui lui succède. Cette belle Italienne de 31 ans, considérée comme un sex-symbol dans son pays, a tous les atouts pour incarner un tel rôle. **Longtemps elle ne fut considérée que comme un buste-réclame**: celui que ses compatriotes pouvaient voir sur une affiche à la gloire d'un soutien-gorge de marque. De la publicité elle est passée au cinéma, se faisant remarquer dans *La Chair*, de Marco Ferreri, et dans *L'Ours en peluche*, de Jacques Deray, où elle donnait la réplique à **Alain Delon**. Ici, elle sera encadrée de **Jacques Perrin** et **Bernard Giraudeau**.

©Van Parys Media

(*Télémoustique*, semaine du 13-19/09/00)

Une pulpeuse « Nana » franco-italienne

Le personnage créé par Emile Zola en 1880 avait permis à Véronique « Lescaut » Genest de décrocher, cent ans après, ses premiers galons télévisuels sous la direction de Maurice Cazeneuve. Vingt ans plus tard c'est au tour de Francesca Dell'Era, d'être cette « Nana », comédienne-courtisane courtisée faisant tourner la tête au Tout-Paris bourgeois de 1867.
Sous les traits et les formes de l'actrice de « La Chair » de Marco Ferreri, l'héroïne pourrait tout aussi bien s'appeller « Néné » que « Nana », rapport avec sa généreuse poitrine. Il y aura donc du monde au balcon de cette version 2000, respectueuse de l'œuvre de l'auteur de « L'Assommoir », qui au-delà du badinage sentimental montre néanmoins les dents de la satire sociale. « Nana », première partie ce soir, sur RTBF 1 à 21 h 20.

21.20 Nana (1/2). *1684426*
Téléfilm en deux volets d'Alberto Negrin (2000), avec Francesca Dell'Era, Bernard Giraudeau, Jacques Perrin.
Paris 1867 : sur la scène du Théâtre des Variétés, la jeune Nana, comédienne sans grand talent, apparaît à moitié nue dans « La Belle Vénus ». Cela suffit pour qu'elle devienne la coqueluche du tout Paris et pour qu'elle ait les hommes de la bonne société à ses pieds. Pour Nana, jeune femme de petite vertu, c'est le moyen de quitter sa condition.

Bernard Giraudeau.

▲▲

A travers ce personnage de Zola, Véronique Genest s'était déjà forgé une notoriété. Francesca Dell'Era lui emboîte le pas avec un tour de poitrine d'avance.

21.20 Nana (2/2). *1412201*
Téléfilm d'Alberto Negrin, d'après Emile Zola, avec Francesca Dellera, Bernard Giraudeau, Emilio Bonucci.
Nana se convainc qu'avec Fontan la vie sera plus agréable et moins compliquée. Il lui apprend à jouer la comédie, et elle s'ingénie à donner l'apparence d'une parfaite femme d'intérieur. Mais, bien vite, la situation se dégrade. Les recettes du théâtre sont proches de zéro et Bordenave se voit dans l'obligation der fermer celui-ci.

Par qui le scandale ... avec Francesca Dell'era (Nana).

(*Le Soir*, 19/09/00)

3.2. Le début du roman de Zola

Aout* 1878. Zola termine le plan de son prochain roman, le 9e du cycle des *Rougon-Macquart* : *Nana*. Cependant, il connait* mal l'univers de la prostitution, dont il veut faire le thème de son livre. Il se documente donc par tous les moyens possibles : il contacte des informateurs qui en savent plus que lui sur le monde des courtisanes, il rencontre lui-même des prostituées, il lit la littérature légère consacrée aux filles.

Une bonne année plus tard, le 16 octobre 1879, le roman - comme beaucoup de romans au XIXe siècle - commence à paraitre* en feuilleton, après une publicité tapageuse, dans le journal *Le Voltaire*, un quotidien parisien tirant à 10 000 exemplaires. La publication en feuilleton s'achèvera le 5 février de l'année suivante. C'est en mars 1880 que le roman sera publié en volume par l'éditeur Charpentier. D'entrée, 55 000 exemplaires sont vendus. 1885 : *Nana* en est à 149 000 exemplaires. 193 000 en 1902, 278 000 en 1928. Depuis 1912, une dizaine d'adaptations cinématographiques ont vu le jour, au Danemark, en Italie, aux USA...

Pour vous placer dans une situation analogue à celle d'un lecteur qui, ouvrant *Le Voltaire* en octobre 1879, découvre les premiers feuilletons du roman, l'on vous livre ci-dessous le début de *Nana*, en trois extraits successifs. Après lecture du premier, il vous sera demandé :

1. D'échanger vos premières remarques et impressions.
2. De dire pourquoi certains mots ont été surlignés : sous quelle étiquette pourrait-on rassembler ces termes ? de quel souci de l'auteur témoigne ce lexique ?
3. De préciser où et quand (époque, moment) se passe la scène initiale, et de réfléchir à la manière dont l'auteur-narrateur s'y prend pour situer cette scène dans l'espace et le temps.

Extrait 1

À neuf heures, la salle du théâtre des Variétés était encore vide. Quelques personnes, au balcon et à l'orchestre, attendaient, perdues parmi les fauteuils de velours grenat, dans le petit jour du lustre à demi-feux. Une ombre noyait la grande tache rouge du rideau ; et pas un bruit ne venait de la scène, la rampe éteinte, les pupitres des musiciens dispersés. En haut seulement, à la troisième galerie, autour de la rotonde du plafond où des femmes et des enfants nus prenaient leur volée dans un ciel verdi par le gaz, des appels et des rires sortaient d'un brouhaha continu de voix, des têtes coiffées de bonnets et de casquettes s'étageaient sous les larges baies rondes, encadrées d'or. Par moments, une ouvreuse se montrait, affairée, des coupons à la main, poussant devant elle un monsieur et une dame qui s'asseyaient, l'homme en habit, la femme mince et cambrée, promenant un long regard.

Deux jeunes gens parurent à l'orchestre. Ils se tinrent debout, regardant.

- Que te disais-je, Hector ? s'écria le plus âgé, un grand garçon à petites moustaches noires, nous venons trop tôt. Tu aurais bien pu me laisser achever mon cigare.

Une ouvreuse passait.

- Oh ! Monsieur Fauchery, dit-elle familièrement, ça ne commencera pas avant une demi-heure.

- Alors, pourquoi affichent-ils pour neuf heures, murmura Hector, dont la longue figure maigre prit un air vexé. Ce matin, Clarisse, qui est de la pièce, m'a encore juré qu'on commencerait à neuf heures précises.

Un instant, ils se turent, levant la tête, fouillant l'ombre des loges. Mais le papier vert dont elles étaient tapissées les assombrissait encore. En bas, sous la galerie, les baignoires s'enfonçaient dans une nuit complète. Aux loges de balcon, il n'y avait qu'une grosse dame, échouée sur le velours de la rampe. À droite et à gauche, entre les hautes colonnes, les avant-scènes restaient vides, drapées de lambrequins à longues franges. La salle blanche et or, relevée de vert tendre, s'effaçait, comme emplie d'une fine poussière par les flammes courtes du grand lustre de cristal.

- Est-ce que tu as eu ton avant-scène pour Lucy ? demanda Hector.

- Oui, répondit l'autre, mais ça n'a pas été sans peine ... Oh ! il n'y a pas de danger que Lucy vienne trop tôt, elle.

Il étouffa un léger bâillement, puis, après un silence :

- Tu as de la chance, toi qui n'as pas encore vu de première... La *Blonde Vénus* sera l'événement de l'année. On en parle depuis six mois. Ah ! mon cher, une musique ! un chien !... Bordenave, qui sait son affaire, a gardé ça pour l'Exposition.

Hector écoutait religieusement. Il posa une question.

- Et Nana, l'étoile nouvelle, qui doit jouer Vénus, est-ce que tu la connais ?

- Allons, bon ! ça va recommencer ! cria Fauchery en jetant les bras en l'air. Depuis ce matin, on m'assomme avec Nana. J'ai rencontré plus de vingt personnes, et Nana par-ci, et Nana par-là ! Est-ce que je sais, moi ! est-ce que je connais toutes les filles de Paris !... Nana est une invention de Bordenave. Ca doit être du propre !

Il se calma. Mais le vide de la salle, le demi-jour du lustre, ce recueillement d'église plein de voix chuchotantes et de battements de paroles, l'agaçaient.

- Ah ! non, dit-il tout à coup, on se fait trop vieux, ici. Moi, je sors... Nous allons peut-être trouver Bordenave en bas. Il nous donnera des détails.

En bas, dans le grand vestibule dallé de marbre, où était installé le contrôle, le public commençait à se montrer. Par les trois grilles ouvertes, on voyait passer la vie ardente des boulevards, qui grouillaient et flambaient sous la belle nuit d'avril. Des roulements de voiture s'arrêtaient court, des portières se refermaient bruyamment, et du monde entrait, par petits groupes, stationnant devant le contrôle, montant, au fond, le double escalier, où les femmes s'attardaient avec un balancement de la taille. Dans la clarté crue du gaz, sur la nudité blafarde de cette salle dont une maigre décoration empire faisait un péristyle de temple en carton, de hautes affiches jaunes s'étalaient violemment, avec le nom de Nana en grosses lettres noires. Des messieurs, comme accrochés au passage, les lisaient ; d'autres, debout, causaient, barrant les portes ; tandis que, près du bureau de location, un homme épais, à large face rasée, répondait brutalement aux personnes qui insistaient pour avoir des places.

- Voilà Bordenave, dit Fauchery, en descendant l'escalier.

Émile ZOLA, *Nana* (1880)

4. Répondez aux demandes qui vous ont été adressées avant votre lecture.
5. Ensuite, notez ce que vous vous rappelez à propos du personnage qui donne son nom au roman, et échangez vos souvenirs. Si votre mémoire est défaillante, vous pouvez retourner au texte.

Voici la suite.

6. Assurez-vous d'abord que vous faites bien la liaison avec l'extrait 1 : de quel "directeur" s'agit-il ? Qui a t-il aperçu ?
7. En lisant ce 2e extrait, demandez-vous, en priorité, en quoi progresse votre connaissance du personnage principal.
8. Observez aussi le langage de Bordenave, tel que le représente le narrateur.

Extrait 2

1 Mais le directeur l'avait aperçu.

- Eh ! vous êtes gentil, lui cria-t-il de loin. C'est comme ça que vous m'avez fait une chronique... J'ai ouvert ce matin *Le Figaro*. Rien.

- Attendez donc ! répondit Fauchery. Il faut bien que je connaisse votre Nana, avant de parler d'elle... Je n'ai rien promis, d'ailleurs.

Puis, pour couper court, il présenta son cousin, M. Hector de la Faloise, un jeune homme qui venait achever son éducation à Paris. Le directeur pesa le jeune homme d'un coup d'œil. Mais Hector l'examinait avec émotion. C'était donc là ce Bordenave, ce montreur de femmes qui les traitait en garde-chiourme, ce cerveau toujours fumant de quelque réclame, criant, crachant, se tapant sur les cuisses, cynique, et ayant un esprit de gendarme ! Hector crut qu'il devait chercher une phrase aimable.

- Votre théâtre..., commença-t-il d'une voix flûtée.

Bordenave l'interrompit tranquillement, d'un mot cru, en homme qui aime les situations franches.

- Dites mon bordel.

Alors, Fauchery eut un rire approbatif, tandis que la Faloise restait avec son compliment étranglé dans la gorge, très choqué, essayant de paraître goûter le mot. Le directeur s'était précipité pour donner une poignée de main à un critique dramatique, dont le feuilleton avait une grande influence. Quand il revint, la Faloise se remettait. Il craignait d'être traité de provincial, s'il se montrait trop interloqué.

- On m'a dit, recommença-t-il, voulant absolument trouver quelque chose, que Nana avait une voix délicieuse.

- Elle !... s'écria le directeur en haussant les épaules, une vraie seringue !

Le jeune homme se hâta d'ajouter :

- Du reste, excellente comédienne.

- Elle !... Un paquet ! Elle ne sait où mettre les pieds et les mains.

La Faloise rougit légèrement. Il ne comprenait plus. Il balbutia :

- Pour rien au monde, je n'aurais manqué la première de ce soir. Je savais que votre théâtre...

- Dites mon bordel, interrompit de nouveau Bordenave, avec le froid entêtement d'un homme convaincu.

Cependant, Fauchery, très calme, regardait les femmes qui entraient. Il vint au secours de son cousin, lorsqu'il le vit béant, ne sachant s'il devait rire ou se fâcher.

- Fais donc plaisir à Bordenave, appelle son théâtre comme il te le demande, puisque ça l'amuse... Et vous, mon cher, ne nous faites pas poser. Si votre Nana ne chante ni ne joue, vous aurez un four, voilà tout. C'est ce que je crains, d'ailleurs.

- Un four ! un four ! cria le directeur dont la face s'empourprait. Est-ce qu'une femme a besoin de savoir jouer et chanter ? Ah ! mon petit, tu es trop bête... Nana a autre chose, parbleu ! et quelque chose qui remplace tout. Je l'ai flairée, c'est joliment fort chez elle, ou je n'ai plus que le nez d'un imbécile... Tu verras, tu verras, elle n'a qu'à paraître, toute la salle tirera la langue.

Il avait levé ses grosses mains qui tremblaient d'enthousiasme ; et, soulagé, il baissait la voix, il grognait pour lui seul :

- Oui, elle ira loin, ah ! sacredié ! oui, elle ira loin... Une peau, oh ! une peau !

Puis, comme Fauchery l'interrogeait, il consentit à donner des détails, avec une crudité d'expressions qui gênait Hector de la Faloise. Il avait connu Nana et il voulait la lancer. Justement, il cherchait alors une Vénus. Lui, ne s'embarrassait pas longtemps d'une femme ; il aimait mieux en faire tout de suite profiter le public. Mais il avait un mal de chien dans sa baraque, que la venue de cette grande fille révolutionnait. Rose Mignon, son étoile, une fine comédienne et une adorable chanteuse celle-là, menaçait chaque jour de le laisser en plan, furieuse, devinant une rivale. Et, pour l'affiche, quel bousin, grand Dieu ! Enfin, il s'était décidé à mettre les noms des deux actrices en lettres d'égale grosseur. Il ne fallait pas qu'on l'ennuyât. Lorsqu'une de ces petites femmes, comme il les nommait, Simone ou Clarisse, ne marchait pas droit, il lui allongeait un coup de pied dans le derrière. Autrement, pas moyen de vivre. Il en vendait, il savait ce qu'elles valaient, les garces !

- Tiens ! dit-il en s'interrompant, Mignon et Steiner. Toujours ensemble. Vous savez que Steiner commence à en avoir assez de Rose ; aussi le mari ne le lâche-t-il plus d'une semelle, de peur qu'il ne file.

(...) Mignon, un gaillard très grand, très large, avec une tête carrée d'hercule de foire, s'ouvrait un passage au milieu des groupes, traînant à son bras le banquier Steiner, tout petit, le ventre déjà fort, la face ronde et encadrée d'un collier de barbe grisonnante.

- Eh bien ! dit Bordenave au banquier, vous l'avez rencontrée hier, dans mon cabinet.

- Ah ! c'était elle, s'écria Steiner. Je m'en doutais. Seulement, je sortais comme elle entrait, je l'ai à peine entrevue.

Mignon écoutait, les paupières baissées, faisant tourner nerveusement à son doigt un gros diamant. Il avait compris qu'il s'agissait de Nana. Puis, comme Bordenave donnait de sa débutante un portrait qui mettait une flamme dans les yeux du banquier, il finit par intervenir.

- Laissez donc, mon cher, une roulure ! Le public va joliment la reconduire. Steiner, mon petit, vous savez que ma femme vous attend dans sa loge.

Il voulut le reprendre. Mais Steiner refusait de quitter Bordenave. Devant eux, une queue s'écrasait au contrôle, un tapage de voix montait, dans lequel le nom de Nana sonnait avec la vivacité chantante de ses deux syllabes. Les hommes qui se plantaient devant les affiches, l'épelaient à voix haute ; d'autres le jetaient en passant, sur un ton d'interrogation ; tandis que les femmes, inquiètes et souriantes, le répétaient doucement, d'un air de surprise. Personne ne connaissait Nana. D'où Nana tombait-elle ? Et des histoires couraient, des plaisanteries chuchotées d'oreille à oreille. C'était une caresse que ce nom, un petit nom dont la familiarité allait à toutes les bouches. Rien qu'à le prononcer ainsi, la foule s'égayait et devenait bonne enfant. Une fièvre de curiosité poussait le monde, cette curiosité de Paris qui a la violence d'un accès de folie chaude. On voulait voir Nana. Une dame eut le volant de sa robe arraché, un monsieur perdit son chapeau.

- Ah ! vous m'en demandez trop, cria Bordenave qu'une vingtaine d'hommes assiégeait de questions. Vous allez la voir... Je file, on a besoin de moi.

Il disparut, enchanté d'avoir allumé son public. Mignon haussait les épaules, en rappelant à Steiner que Rose l'attendait pour lui montrer son costume du premier acte.

Émile ZOLA, *Nana* (1880)

9. Dans ce 2e extrait, le portrait de Nana est complété.

   - Énumérez les informations complémentaires fournies sur l'héroïne.
   - Citez le(s) procédé(s) utilisé(s) par Zola pour donner à connaitre* un peu mieux son personnage principal.

10. En vous basant sur les paroles attribuables à Bordenave, caractérisez le personnage du directeur. Fondez-vous sur ses répliques en discours direct, mais aussi sur ce passage en discours indirect libre : “Puis, comme Fauchery l'interrogeait, il (Bordenave) consentit à donner des détails (...) les garces !” (lignes 40-49).
11. Repérez quelques mots relevant du champ lexical découvert à l'occasion de la lecture du 1er extrait.

Dans le dernier extrait, de nouveaux personnages font leur entrée.

12. Vous en dresserez une liste.
13. Vous vous interrogerez aussi sur le narrateur : est-il reconnaissable ? Est-il seulement perceptible ? Est-il entièrement absent ?

Extrait 3

- Tiens ! Lucy, là-bas, qui descend de voiture, dit La Faloise à Fauchery.

C'était Lucy Stewart, en effet, une petite femme laide, d'une quarantaine d'années, le cou trop long, la face maigre, tirée, avec une bouche épaisse, mais si vive, si gracieuse, qu'elle avait un grand charme. Elle amenait Caroline Héquet et sa mère. Caroline d'une beauté froide, la mère très digne, l'air empaillé.

- Tu viens avec nous, je t'ai réservé une place, dit-elle à Fauchery.

- Ah ! non, par exemple, pour ne rien voir ! répondit-il. J'ai un fauteuil, j'aime mieux être à l'orchestre.

Lucy se fâcha. Est-ce qu'il n'osait pas se montrer avec elle ? Puis, calmée brusquement, sautant à un autre sujet :

- Pourquoi ne m'as-tu pas dit que tu connaissais Nana ?

- Nana ! je ne l'ai jamais vue.

- Bien vrai ?... On m'a juré que tu avais couché avec.

Mais, devant eux, Mignon, un doigt aux lèvres, leur faisait signe de se taire. Et, sur une question de Lucy, il montra un jeune homme qui passait, en murmurant :

- Le greluchon de Nana.

Tous le regardèrent. Il était gentil. Fauchery le reconnut : c'était Daguenet, un garçon qui avait mangé trois cent mille francs avec les femmes, et qui, maintenant, bibelotait à la Bourse, pour leur payer des bouquets et des dîners de temps à autre. Lucy lui trouva de beaux yeux.

- Ah ! voilà Blanche ! cria-t-elle. C'est elle qui m'a dit que tu avais couché avec Nana.

Blanche de Sivry, une grosse fille blonde dont le joli visage s'empâtait, arrivait en compagnie d'un homme fluet, très soigné, d'une grande distinction.

- Le comte Xavier de Vandeuvres, souffla Fauchery à l'oreille de la Faloise.

Le comte échangea une poignée de mains avec le journaliste, tandis qu'une vive explication avait lieu entre Blanche et Lucy. Elles bouchaient le passage de leurs jupes chargées de volants, l'une en bleu, l'autre en rose, et le nom de Nana revenait sur leurs lèvres, si aigu, que le monde les écoutait. Le comte de Vandeuvres emmena Blanche. Mais, à présent, comme un écho, Nana sonnait aux quatre coins du vestibule sur un ton plus haut, dans un désir accru par l'attente. On ne commençait donc pas ? Les hommes tiraient leurs montres, des retardataires sautaient de leur voiture avant qu'elles fussent arrêtées, des groupes quittaient le trottoir, où des promeneurs, lentement, traversaient la nappe de gaz restée vide, en allongeant le cou pour voir dans le théâtre. (...) On s'écrasait, une querelle éclatait au contrôle, une clameur grandissait, faite du bourdonnement des voix appelant Nana, exigeant Nana, dans un de ces coups d'esprit bête et de brutale sensualité qui passent sur les foules.

Mais, au-delà du vacarme, la sonnette de l'entracte se fit entendre. Une rumeur gagna jusqu'au boulevard : "on a sonné, on a sonné" ; et ce fut une bousculade, chacun voulait passer, tandis que les employés du contrôle se multipliaient. Mignon, l'air inquiet, reprit enfin Steiner, qui n'était pas allé voir le costume de Rose. Au premier tintement, la Faloise avait fendu la foule, en entraînant Fauchery, pour ne pas manquer l'ouverture. Cet empressement du public irrita Lucy Stewart. En voilà de grossiers personnages, qui poussaient les femmes ! Elle resta la dernière, avec Caroline Héquet et sa mère. Le vestibule était vide ; au fond, le boulevard gardait son ronflement prolongé. (...)

Dans la salle, Fauchery et la Faloise, devant leurs fauteuils, regardaient de nouveau. Maintenant, la salle resplendissait. De hautes flammes de gaz allumaient le grand lustre de cristal d'un ruissellement de feux jaunes et roses, qui se brisaient du cintre au parterre en une pluie de clarté. Les velours grenats des sièges se moiraient de laque, tandis que les ors luisaient et que les ornements vert tendre en adoucissaient l'éclat, sous les peintures trop crues du plafond. Haussée, la rampe, dans une nappe brusque de lumière, incendiait le rideau, dont la lourde draperie de pourpre avait une richesse de palais fabuleux, jurant avec la pauvreté du cadre, où des lézardes montraient le plâtre sous la dorure. Il faisait déjà chaud. À leurs pupitres, les musiciens accordaient leurs instruments, avec des trilles légers de flûte, des soupirs étouffés de cors, des voix chantantes de violon, qui s'envolaient au milieu du brouhaha grandissant des voix. Tous les spectateurs parlaient, se poussaient, se casaient, dans l'assaut donné aux places ; et la bousculade était si rude, que chaque porte lâchait péniblement un flot de monde, intarissable. C'étaient des signes d'appel, des froissements d'étoffe, un défilé de jupes et de coiffures, coupées par le noir d'un habit ou d'une redingote. Pourtant, les rangées de fauteuils s'emplissaient peu à peu ; une toilette claire se détachait, une tête au fin profil baissait son chignon, où courait l'éclair d'un bijou. Dans une loge, un coin d'épaule nue avait une blancheur de soie. D'autres femmes, tranquilles, s'éventaient avec langueur, en suivant du regard les poussées de la foule ; pendant que de jeunes messieurs, debout à l'orchestre, le gilet largement ouvert, un gardénia à la boutonnière, braquaient leurs jumelles du bout de leurs doigts gantés.

Alors, les deux cousins cherchèrent les figures de connaissance. Mignon et Steiner étaient ensemble, dans une baignoire, les poignets appuyés sur le velours de la rampe, côte à côte. Blanche de Sivry semblait occuper à elle seule une avant-scène du rez-de-chaussée. Mais la Faloise examina surtout Daguenet, qui avait un fauteuil d'orchestre, deux rangs en avant du sien. Près de lui, un tout jeune homme, de dix-sept ans au plus, quelque échappé de collège, ouvrait très grands ses beaux yeux de chérubin. Fauchery eut un sourire en le regardant.

- Quelle est donc cette dame, au balcon ? demanda tout à coup la Faloise. Celle qui a une jeune fille en bleu près d'elle.

Il indiquait une grosse femme, sanglée dans son corset, une ancienne blonde devenue blanche et teinte en jaune dont la figure ronde, rougie par le fard, se boursouflait sous une pluie de petits frissons enfantins.

- C'est Gaga, répondit simplement Fauchery.

Et, comme ce nom semblait ahurir son cousin, il ajouta :

- Tu ne connais pas Gaga ?... Elle a fait les délices des premières années du règne de Louis-Philippe. Maintenant, elle traîne partout sa fille avec elle.

La Faloise n'eut pas un regard pour la jeune fille. La vue de Gaga l'émotionnait, ses yeux ne la quittaient plus ; il la trouvait encore très bien, mais il n'osa pas le dire.

Cependant, le chef d'orchestre levait son archet, les musiciens attaquaient l'ouverture. On entrait toujours, l'agitation et le tapage croissaient. Parmi ce public spécial des premières représentations, qui ne changeait pas, il y avait des coins d'intimité où l'on se retrouvait en souriant. Des habitués, le chapeau sur la tête, à l'aise et familiers, échangeaient des saluts. Paris était là, le Paris des Lettres, de la finance et du plaisir, beaucoup de journalistes, des hommes de Bourse, plus de filles que de femmes honnêtes ; monde singulièrement mêlé, fait de tous les génies, gâté par tous les vices, où la même fatigue et la même fièvre passaient sur tous les visages. Fauchery, que son cousin questionnait, lui montra les loges des journaux et des cercles, puis il nomma les critiques dramatiques, un maigre, l'air desséché, avec de minces lèvres méchantes, et surtout un gros, de mine bon enfant, se laissant aller sur l'épaule de sa voisine, une ingénue qu'il couvait d'un œil paternel et tendre. Mais il s'interrompit, en voyant La Faloise saluer des personnes qui occupaient une loge en face. Il parut surpris.

- Comment ! demanda-t-il, tu connais le comte Muffat de Beuville ?

- Oh ! depuis longtemps, répondit Hector. Les Muffat avaient une propriété près de la nôtre. Je vais souvent chez eux... Le comte est avec sa femme et son beau-père, le marquis de Chouard.

Et, par vanité, heureux de l'étonnement de son cousin, il appuya sur des détails : le marquis était conseiller d'Etat, le comte venait dêtre nommé chambellan de l'impératrice. Fauchery, qui avait pris sa jumelle, regardait la comtesse, une brune à la peau blanche, potelée, avec de beaux yeux noirs.

- Tu me présenteras pendant un entracte, finit-il par dire. (...)

Des chuts ! énergiques partirent des galeries supérieures. L'ouverture était commencée, on entrait encore. Des retardataires forçaient des rangées entières de spectateurs à se lever, les portes des loges battaient, de grosses voix se querellaient dans les couloirs. Et le bruit des conversations ne cessait pas, pareil au piaillement d'une nuée de moineaux bavards, lorsque le jour tombe. C'était une confusion, un fouillis de têtes et de bras qui s'agitaient, les uns s'asseyant et cherchant leurs aises, les autres s'entêtant à rester debout, pour jeter un dernier coup d'œil. Le cri : "Assis ! Assis !" sortit violemment des profondeurs obscures du parterre. Un frisson avait couru : enfin on allait donc connaître cette fameuse Nana, dont Paris s'occupait depuis huit jours !

Émile ZOLA, *Nana* (1880)

À propos du 3e extrait :

14. Jusqu'ici, vous ont été présentés, pour l'essentiel, les personnages suivants :

- Hector de la Faloise, jeune noble de province, assez coincé,
- Fauchery, cousin du précédent, journaliste, très à l'aise au sein du Tout-Paris,
- Bordenave, cynique directeur des Variétés, entremetteur et marchand de femmes,
- Steiner, un banquier, homme à femmes,
- Rose Mignon, actrice aux Variétés, maitresse* du précédent, jalouse de Nana,
- Mignon, le mari complaisant de Rose.

Pour chacun des personnages qui apparaissent dans l'extrait que vous venez de lire, écrivez de même une phrase faisant état de son identité, de son statut et de l'un ou l'autre trait dominant de caractère. Quelle impression vous laisse chaque personnage ? Sur quoi se fonde cette impression ?

15. L'ensemble des personnages (auxquels s'ajoutent des personnages seulement esquissés ou évoqués) constitue une micro-société : le public des Variétés. Repérez le(s) passage(s) où il est question de cette foule en tant que telle, et dites en quels termes elle est décrite.
16. Retrouvez de même le(s) passage(s) dans le(s)quel(s) il est question de la salle où se presse le public : quelle sorte de regard est posé sur elle ?
17. Répondez maintenant à la question initiale relative au narrateur.

Sur l'ensemble des 3 extraits :

18. Le roman de Zola a donc été publié d'abord en feuilleton, puis en volume. Quels avantages et/ou quels inconvénients ces formules présentent-elles, selon vous, pour le lecteur ?
19. Comment les spectateurs de *La blonde Vénus* – et, parallèlement, les lecteurs de *Nana* – sont-ils préparés par l'auteur-narrateur à recevoir le spectacle et son étoile ?
20. Retournez à la synthèse qui vous a été demandée au départ (p. 33). Existe-t-il des ressemblances et/ou des différences entre le conditionnement du téléspectateur tel que vous l'avez analysé alors et le conditionnement des lecteurs tel que vous l'avez évoqué en répondant à la question précédente ?

3.3. Faisons le point

3.3.1. Synthèse sur les débuts de romans réalistes/naturalistes

Synthèse

Raconter une histoire, pour les romanciers réalistes et naturalistes, c'est, par le moyen de la fiction, donner à connaitre* une réalité, c'est représenter leur perception de telle ou telle partie du réel.

Écrire le début d'un récit fictionnel ne va pas sans poser des problèmes spécifiques aux romanciers qui nous occupent. Dans les premières pages, il leur faut bien sûr mettre en route leur histoire. Mais ils doivent surtout la rendre recevable par le lecteur, c'est-à-dire produire dès l'abord un effet de réel suffisant pour que le lecteur oublie justement qu'il s'agit d'une fiction ou, du moins, accepte de se prêter au jeu.

Pour donner au lecteur l'illusion qu'en lisant, il prend connaissance d'une histoire vraie, "prise sur le vif", le romancier use de divers procédés : en voici quelques-uns.

1. Dans toute la mesure du possible, l'auteur-narrateur s'efface, il reste en retrait de l'histoire qu'il raconte. Cette histoire parait* donc d'autant plus vraie qu'elle a l'air de se passer sans lui. Cependant, l'intention des romanciers réalistes et naturalistes n'est pas de reproduire platement le réel, mais bien, comme on l'a dit, de transmettre une vision des choses forcément subjective. Le lecteur avisé peut donc dépister certains indices de la subjectivité de l'auteur-narrateur. Ainsi Zola parle-t-il, de la salle des Variétés et de la foule du public qui s'y presse pour voir Nana, en des termes qui orientent la perception. La salle est assimilée à un temple "en carton". Le faste du théâtre est artificiel, c'est un trompe-l'œil qui cache mal "les lézardes sous la dorure". Le public forme une foule "bête", "sensuelle", "enfiévrée", "fatiguée". Dans cette foule se détachent des personnages qui, souvent, sont caricaturés. Bref, le regard porté par Zola sur la société du Second Empire[1] est bien pessimiste.

2. L'auteur inscrit le début de son histoire dans une époque et dans un lieu réels dont la désignation a pour effet, bien sûr, de faire vrai. *Nana* (qui commence à paraitre*, rappelons-le, en 1879) se situe à une époque récente et familière pour les destinataires réels de Zola (allusion à l'Exposition universelle de Paris, qui ouvrit ses portes le 1er avril 1867 ; à l'éclairage au gaz, dont l'utilisation dans les théâtres était, à ce moment, nouvelle; ou encore au style empire de la salle de théâtre). Le lieu où se passe la scène initiale de *Nana,* le théâtre des Variétés, est bien connu du public parisien. La peinture du lieu, très précise, se fonde elle-même sur une recherche documentaire telle que l'auteur peut faire partager au lecteur une connaissance spécialisée. À cette fin, il construit des champs lexicaux spécifiques (au début de *Nana,* celui du théâtre).

3. Par contamination, ce label d'authenticité garantit la vraisemblance, sinon la vérité, des personnages eux-mêmes : puisqu'ils évoluent dans une chronologie et une géographie vérifiables, ils paraissent eux-mêmes vrais. Ainsi de Fauchery, le journaliste, de Steiner, le banquier, ou de Bordenave, le directeur du théâtre. La parole des personnages est représentée, elle aussi, de manière réaliste : par exemple, Zola n'hésite pas à prêter à Bordenave des propos qui font de lui un personnage vulgaire et cynique.

4. Du reste, ces personnages donnent l'impression d'être familiers : le romancier évite de les présenter longuement au préalable. Ils sont donnés comme déjà identifiés, comme déjà connus du lecteur ; c'est peu à peu, par touches successives, que le romancier les peint. Nana elle-même, qui tarde à paraitre* (car il faut "chauffer" le public... et le lecteur), était du reste, fût-ce partiellement, connue des lecteurs fidèles de Zola : ce personnage a fait son apparition dès *L'Assommoir* (elle est la fille de Coupeau et de Gervaise).

[1] Ainsi nomme-t-on le régime sous lequel se trouvait la France entre 1852 et 1870. Nous y reviendrons bientôt.

5. C'est grâce aux personnages eux-mêmes que le lecteur, tout naturellement, prend connaissance de l'univers de l'histoire. Un procédé fréquent, qui contribue encore au réalisme, consiste à faire d'un personnage "ignorant" le récepteur d'informations qui lui sont livrées par un personnage "compétent". Le premier sert de relais auprès du lecteur lui-même. C'est Bordenave, par exemple, qui apprend à Hector de la Faloise que Nana, piètre actrice, est surtout une fille qui a du chien...

   Quant au décor de l'action, c'est le plus souvent par les yeux d'un personnage qu'il est donné à voir au lecteur (par exemple, c'est par le regard de Fauchery et de la Faloise que nous observons la salle et le public juste avant le début du spectacle). Autrement dit, les séquences descriptives paraissent également naturelles, elles ne sont pas lues comme d'ennuyeux morceaux d'anthologie.

3.3.2. Identifier un début réaliste/naturaliste

C'est pour faciliter votre compréhension et votre assimilation de la synthèse ci-dessus que certains passages y ont été soulignés.
En vous fondant sur cette synthèse, vous devriez pouvoir effectuer la tâche suivante.
Ci-dessous, trois débuts de romans. Répartissez-vous en trois groupes, dont chacun traitera un début.
Vous disposez d'une demi-heure pour décider si le texte qui vous est dévolu relève – ou ne relève pas, ou relève plus ou moins – de l'esthétique réaliste/naturaliste.
Un porte-parole de chaque groupe sera désigné au départ par votre professeur. Ce porte-parole devra faire état, devant la classe, de l'argumentation sur laquelle s'est fondé son groupe pour prendre la décision précitée.
Bien sûr, cette argumentation reposera elle-même sur un recours précis au texte.

Les porte-paroles* seront évalués sur les critères suivants.

- Clarté de la thèse relative à l'esthétique du début traité.
- Référence précise de l'argumentation
  - aux éléments essentiels de la synthèse ci-dessus (3.3.1.) ;
  - au texte traité.
- Fidélité du rapporteur aux propos tenus dans son groupe.

Début 1

Vous allez sans doute croire que j'invente pour avoir l'air mieux que je suis en réalité ou plus malin ou pour me vanter d'avoir de la chance, mais c'est faux. En plus, bien des choses qui me sont arrivées jusqu'ici dans la vie – je vais en parler sous peu – me feraient plutôt passer pour quelqu'un de mauvais ou de carrément bête ou pour une victime de circonstances tragiques. Ça ne prouve pas, je m'en rends bien compte, que je sois en train de dire la vérité. Mais si je voulais me faire passer pour meilleur que je suis ou pour plus intelligent ou me donner l'air d'être en quelque sorte le maître de ma destinée, je le pourrais. Seulement, la vérité est plus intéressante que tout ce que je suis capable d'inventer et c'est d'abord pour ça que je m'y tiens.

Quoi qu'il en soit, mon existence est devenue intéressante, disons, l'été de mes quatorze ans. J'étais à fond dans la fumette et comme j'avais pas d'argent pour m'acheter de l'herbe je me suis mis à fouiner tout le temps dans la maison pour dénicher des trucs à vendre – mais il n'y avait pas grand-chose. Ma mère, qui était encore un peu comme ma meilleure amie, et Ken mon beau-père avaient une maison assez convenable que ma mère avait obtenue de mon vrai père il y a une dizaine d'années au moment de leur divorce. À l'écouter, ce n'est pas une maison qu'elle a reçue mais des traites à payer, et de mon père elle ne dit pratiquement rien – c'est ma grand-mère qui se charge d'en parler. Ma mère et Ken avaient des boulots minables et ne possédaient rien à voler, du moins rien dont ils n'auraient aussitôt remarqué la disparition.

Ken faisait de l'entretien à la base aérienne, c'est-à-dire en réalité du nettoyage, mais il se disait technicien des services du bâtiment. Quant à ma mère, elle était aide-comptable à l'hôpital, ce qui est également un boulot nul où on fait que regarder un écran d'ordinateur toute la journée en tapant sur des touches pour y mettre des chiffres.

En fait tout a commencé quand je me suis mis à farfouiller dans la maison après l'école en cherchant quelque chose pour tuer mon ennui : des bouquins ou des vidéos pornos ou des capotes. N'importe quoi. Et puis qui sait, ils avaient peut-être leur petite cachette de marijuana. Ma mère et Ken, surtout lui d'ailleurs, donnaient sérieusement dans l'alcool mais je me disais qu'ils n'étaient peut-être pas aussi coincés qu'ils en avaient l'air. Tout est possible. C'était une petite maison, quatre pièces et une salle de bains, un mobile home posé sur des parpaings comme une vraie baraque sauf qu'il n'y avait ni sous-sol ni garage ni grenier. J'y avais vécu depuis l'âge de trois ans, d'abord avec ma mère et mon vrai père – jusqu'à ce qu'il s'en aille quand j'avais cinq ans – et après avec ma mère et Ken qui m'a officiellement adopté et qui est devenu mon beau-père. Au total, la maison m'était aussi familière que l'intérieur de ma bouche.

Je croyais avoir passé au crible chaque tiroir, examiné chaque placard et fouillé sous tous les lits et les meubles. J'avais même sorti les vieux romans condensés du *Reader's Digest* que Ken avait découverts à la base aérienne et qu'il avait rapportés à la maison pour les lire un jour mais surtout pour faire bien dans le séjour, et je les avais ouverts l'un après l'autre à la recherche de ces compartiments secrets qu'on peut aménager en découpant l'intérieur des pages avec une lame de rasoir. Rien. Ou plutôt rien de neuf. À part quelques vieux albums photos que ma mère avait récupérés de ma grand-mère. Je les avais dénichés dans une boîte sur la dernière étagère de l'armoire à linge. Ma mère me les avait montrés plusieurs années auparavant et je les avais oubliés, probablement parce qu'on y voyait surtout des gens que je ne connaissais pas, comme les cousins, les tantes et les oncles de ma mère. Mais cette fois, en tombant à nouveau sur ces albums, je me suis rappelé y avoir cherché des photos de mon père à l'époque où il était encore en vie et heureux, ici à Au Sable, et n'en avoir trouvé qu'une, le montrant lui, ma mère et sa voiture. Je l'avais étudiée comme si c'était un message secret parce que c'était la seule photo de lui que j'avais jamais vue. On aurait pu penser que ma grand-mère, quand même, aurait gardé quelques clichés. Eh bien non.

Il y avait pourtant dans la même boîte que les albums un paquet de lettres attachées par un ruban. Mon père les avait envoyées à ma mère pendant les quelques mois qui avaient suivi son départ. Je ne les avais encore jamais lues et elles se sont révélées plutôt intéressantes. J'ai eu l'impression que mon père se défendait des accusations de ma mère. Elle disait qu'il nous avait quittés pour une bonne femme du nom de Rosalie qui, toujours selon ma mère, était sa petite amie depuis déjà des années mais il prétendait que Rosalie n'avait été qu'une copine ordinaire au travail et des choses comme ça. Il avait une écriture nette avec toutes les lettres inclinées du même côté. Rosalie n'avait plus d'importance pour lui, écrivait-il. Elle n'en avait jamais eu. Il disait qu'il voulait revenir. J'ai presque eu de la peine pour lui. Sauf que je ne le croyais pas.

Début 2

1 La Teuse, en entrant, posa son balai et son plumeau contre l'autel. Elle s'était attardée à mettre en train la lessive du semestre. Elle traversa l'église pour sonner l'*Angelus,* boitant davantage dans sa hâte, bousculant les bancs. La corde, près du confessionnal, tombait du plafond, nue, râpée, terminée par un gros nœud, que les mains avaient graissé ; elle s'y pendit de toute sa masse, à coups réguliers, puis s'y abandonna, roulant dans ses jupes, le bonnet de travers, le sang crevant sa face large.

Après avoir ramené son bonnet d'une légère tape, essoufflée, la Teuse revint donner un coup de balai devant l'autel. La poussière s'obstinait là, chaque jour, contre les planches mal jointes de l'estrade. Le balai fouillait les coins avec un grondement irrité. Elle enleva ensuite le tapis de la table, et se fâcha, en constatant que la grande nappe supérieure, déjà reprisée en vingt endroits, avait un nouveau trou d'usure au beau milieu ; on apercevait la seconde nappe, pliée en deux, si émincée, si claire elle-même qu'elle laissait voir la pierre consacrée, encadrée dans l'autel de bois peint. Elle épousseta ces linges roussis par l'usage, promena vigoureusement le plumeau le long du gradin, contre lequel elle releva les cartons liturgiques. Puis, montant sur une chaise, elle débarrassa la croix et deux des chandeliers de leurs housses de cotonnade jaune. Le cuivre était piqué de taches ternes.

"Ah ! bien ! murmura la Teuse à demi-voix, ils ont joliment besoin d'un nettoyage ! Je les passerai au tripoli."

Alors, courant sur une jambe, avec des déhanchements et des secousses à défoncer les dalles, elle alla à la sacristie chercher le Missel, qu'elle plaça sur le pupitre, du côté de l'Épître, sans l'ouvrir, la tranche tournée vers le milieu de l'autel. Et elle alluma les deux cierges. En emportant son balai, elle jeta un coup d'œil autour d'elle pour s'assurer que le ménage du bon Dieu était bien fait. L'église dormait ; la corde seule, près du confessionnal, se balançait encore, de la voûte au pavé, d'un mouvement long et flexible.

L'abbé (...) venait de descendre à la sacristie, une petite pièce froide qui n'était séparée de la salle à manger que par un corridor.

"Bonjour, monsieur le curé, dit la Teuse en se débarrassant. Ah ! vous avez fait le paresseux, ce matin ! Savez-vous qu'il est six heures un quart ?"

Et, sans donner au jeune prêtre qui souriait le temps de répondre :

"J'ai à vous gronder, continua-t-elle. La nappe est encore trouée. Ça n'a pas de bon sens ! Nous n'en avons qu'une de rechange et je me tue les yeux depuis trois jours à la raccommoder... Vous laisserez le pauvre Jésus tout nu, si vous y allez de ce train."

"Jésus n'a pas besoin de tant de linge, ma bonne Teuse. Il a toujours chaud, il est toujours royalement reçu, quand on l'aime bien."

Puis, se dirigeant vers une petite fontaine, il demanda :

"Est-ce que ma sœur est levée ? Je ne l'ai pas vue.

"Il y a beau temps que Melle Désirée est descendue, répondit la servante, agenouillée devant un ancien buffet de cuisine dans lequel étaient serrés les vêtements sacrés. Elle est déjà à ses poules et à ses lapins ... Elle attendait hier des poussins qui ne sont pas venus. Vous pensez quelle émotion !"

Elle s'interrompit, disant :

"La chasuble d'or, n'est-ce pas ?"

Le prêtre, qui s'était lavé les mains, recueilli, les lèvres balbutiant une prière, fit un signe de tête affirmatif. La paroisse n'avait que trois chasubles : une violette, une noire et une d'étoffe d'or. Cette dernière, servant les jours où le blanc, le rouge ou le vert étaient prescrits, prenait une importance extraordinaire. La Teuse la souleva religieusement de la planche garnie de papier bleu où elle la couchait après chaque cérémonie ; elle la posa sur le buffet, enlevant avec précaution les linges fins qui en garantissaient les broderies. Un agneau d'or y dormait sur une croix d'or, entouré de larges rayons d'or. Le tissu, limé aux plis, laissait échapper de minces houpettes ; les ornements en relief se rongeaient et s'effaçaient. C'était, dans la maison, une continuelle inquiétude autour d'elle, une tendresse terrifiée, à la voir s'en aller ainsi paillette à paillette. (...)

La Teuse, par-dessus la chasuble, étala l'étole, le manipule, le cordon, l'aube et l'amict. Mais elle continuait à bavarder (...)

"Il ne vaut plus grand-chose, ce cordon, murmurait-elle. Il faudra vous décider à en acheter un autre, monsieur le curé... Ce n'est pas l'embarras ; je vous en tisserais bien un moi-même, si j'avais du chanvre."

L'abbé (...) ne répondait pas. Il préparait le calice sur une petite table, un grand vieux calice d'argent doré, à pied de bronze, qu'il venait de prendre au fond d'une armoire de bois blanc où étaient enfermés les vases et les linges sacrés, les saintes Huiles, les Missels, les chandeliers, les croix.

Début 3

Au commencement il n'y avait rien. Et ce rien n'était ni vide ni vague : il n'appelait rien d'autre que lui-même. Et Dieu vit que cela était bon. Pour rien au monde il n'eût créé quoi que ce fût. Le rien faisait mieux que lui convenir : il le comblait.

Dieu avait les yeux perpétuellement ouverts et fixes. S'ils avaient été fermés, cela n'eût rien changé. Il n'y avait rien à voir et Dieu ne regardait rien. Il était plein et dense comme un œuf dur, dont il avait aussi la rondeur et l'immobilité.

Dieu était l'absolue satisfaction. Il ne voulait rien, n'attendait rien, ne percevait rien, ne refusait rien et ne s'intéressait à rien. La vie était à ce point plénitude qu'elle n'était pas la vie. Dieu ne vivait pas, il existait.

Son existence n'avait pas eu pour lui de début perceptible. Certains grands livres ont des premières phrases si peu tapageuses qu'on les oublie aussitôt et qu'on a l'impression d'être installé dans cette lecture depuis l'aube des temps. Semblablement, il était impossible de remarquer le moment où Dieu avait commencé à exister. C'était comme s'il avait existé depuis toujours.

Dieu n'avait pas de langage et il n'avait donc pas de pensée. Il était satiété et éternité. Et tout ceci prouvait au plus haut point que Dieu était Dieu. Et cette évidence n'avait aucune importance, car Dieu se fichait éperdument d'être Dieu.

Les yeux des êtres vivants possèdent la plus étonnante des propriétés : le regard. Il n'y a pas plus singulier. On ne dit pas des oreilles des créatures qu'elles ont un "écoutard", ni de leurs narines qu'elles ont un "sentard"ou un "reniflard".

Qu'est-ce que le regard ? C'est inexprimable. Aucun mot ne peut approcher son essence étrange. Et pourtant, le regard existe. Il y a même peu de réalités qui existent à ce point.

Quelle est la différence entre les yeux qui ont un regard et les yeux qui n'en ont pas ? Cette différence a un nom : c'est la vie. La vie commence là où commence le regard.

Dieu n'avait pas de regard.

Les seules occupations de Dieu étaient la déglutition, la digestion, et, conséquence directe, l'excrétion. Ces activités végétatives passaient par le corps de Dieu sans qu'il s'en aperçoive. La nourriture, toujours la même, n'était pas assez excitante pour qu'il la remarque. Le statut de la boisson n'était pas différent. Dieu ouvrait tous les orifices nécessaires pour que les aliments solides et liquides le traversent.

C'est pourquoi, à ce stade de son développement, nous appellerons Dieu le tube.

Il y a une métaphysique des tubes. Slawomir Mrozek a écrit sur les tuyaux des propos dont on ne sait s'ils sont confondants de profondeur ou superbement désopilants. Peut-être sont-ils tout cela à la fois : les tubes sont de singuliers mélanges de plein et de vide, de la matière creuse, une membrane d'existence protégeant un faisceau d'inexistence. Le tuyau est la version flexible du tube : cette mollesse ne le rend pas moins énigmatique.

Dieu avait la souplesse du tuyau mais demeurait rigide et inerte, confirmant ainsi sa nature de tube. Il connaissait la sérénité absolue du cylindre. Il filtrait l'univers et ne retenait rien.

3.4. Zola et le naturalisme

Prenez d'abord connaissance, une première fois, des pages 48 à 53 ci-dessous.

La réalisation des tâches suivantes favorisera votre appropriation active de cette synthèse. Il vous est loisible de négocier, entre vous et avec l'accord de votre professeur, une répartition des tâches entre élèves et/ou groupes élèves.

1. Distinguer dans le texte cinq sections dont chacune correspond à l'un des intertitres suivants :

   Les précurseurs littéraires – Des romans sur l'histoire contemporaine – Le soubassement scientifique – Le mot et la chose – Une volonté de rupture.

Notez à ce sujet que

- les intertitres vous sont livrés dans le désordre ;
- il convient de justifier leur attribution aux différentes sections du texte ;
- ces dernières ne sont pas de longueur égale ;
- l'endroit où insérer deux des intertitres vous est indiqué.

2. Compléter le texte en y insérant, aux endroits indiqués, trois citations à choisir pertinemment parmi celles qui se trouvent aux pages 52-53 ; sur les cinq qui vous sont proposées, deux, sans être cependant dénuées d'intérêt, ne conviennent pas.

3. Donner un résumé de la synthèse elle-même sous le titre : *Le naturalisme français en 10 dates.* Pour ce faire, photocopiez le tableau de la page suivante et complétez-le.

1865	
1868	
1871	Publication en volume de ...., premier roman du cycle...
1879	Dans *Le Voltaire*, Zola publie (en même temps que les premiers feuilletons de *Nana*) un article intitulé .... Dans ce texte théorique décisif, l'auteur transpose, au domaine de la .... , un ouvrage de Claude Bernard intitulé .... Il décrit ainsi, pour l'écriture romanesque, un modèle théorique directement inspiré de la ....
1880	
1883-1896	Éditions successives du *Roman naturaliste*, où le critique Brunetière entreprend de discréditer le mouvement.
1886	Jean Moreas signe dans *Le Figaro* le manifeste littéraire du symbolisme : cette nouvelle école littéraire va désormais concurrencer le naturalisme.
1887	
1893	Publication du dernier volume des ...., intitulé...
1903	

Zola et le naturalisme

C'est Émile Zola qui, à partir de 1868 (dans la *Préface* à la seconde édition de son roman *Thérèse Raquin*), s'empare du terme *naturalisme*, auquel il confère un sens littéraire. À partir de là, pendant près de 30 ans, Zola s'efforce d'assurer au mot une propagation internationale, par ses articles, ses écrits théoriques, les préfaces de ses romans et ses romans eux-mêmes.

Quel sens avait ce terme, auparavant ? Dans une acception scientifique, on appelait "naturaliste", au XIXe siècle, un savant pratiquant les sciences de la nature : botanique, minéralogie ou zoologie. Et, depuis le XVIIe siècle, on désignait en philosophie, par le mot "naturalisme", la doctrine selon laquelle rien n'existe en dehors de la nature ; cette doctrine exclut donc toute explication d'ordre métaphysique. Retenons ces deux acceptions : nous verrons qu'elles sont intégrées dans le concept littéraire de naturalisme.

Zola doit se battre pour implanter le terme : son entreprise ne manque pas de susciter une polémique acharnée. Pourquoi un simple mot déchaine*-t-il tant de passions ?

C'est que l'entreprise de Zola est, en l'occurrence, une stratégie : il s'agit de promouvoir, derrière le mot, une conception moderne, une conception révolutionnaire de la littérature. Zola – et avec lui, à travers l'Europe, tous les auteurs qui, peu ou prou, se rattachent à sa cause – mettent en question les concepts d' "inspiration", de "génie" et de "création" littéraires. Ils regardent l'écrivain non pas, à la manière romantique, comme un solitaire inspiré ou un prophète de génie, mais bien comme un travailleur solidaire de ses concitoyens. La littérature, ils l'entendent comme un véritable outil de connaissance approfondie de la vie réelle, comme un instrument d'investigation de la société où vivent les hommes et les femmes d'alors.

Intertitre

On le voit : l'enjeu est d'importance. L'activité littéraire (c'est-à-dire la production des œuvres par les auteurs et leur réception par le public) n'est pas, elle ne doit plus être, pour les naturalistes, une activité secondaire, parallèle à la vie réelle. La littérature – la littérature romanesque, en particulier, à laquelle les naturalistes ont consacré l'essentiel de leurs efforts – ne consiste pas en une opération de transfiguration du réel en vue, pour l'auteur, de "di-vertir" le lecteur, et, pour le lecteur, de "se dis-traire" de la réalité. Elle est, au contraire, un moyen de (faire) connaitre* cette réalité en profondeur. La vocation sociale de l'écrivain est de travailler, en professionnel, à "dé-couvrir" le réel, au-delà des apparences trompeuses. À le découvrir pour lui-même, puis à faire partager sa découverte aux lecteurs. Les naturalistes, en aucun cas, ne souscrivent donc à une prise de position comme celle-ci :

Fragment à insérer sous la forme d'une citation : A B C D E (choisir la lettre qui convient)

C'est tout le réel qu'il s'agit, pour les naturalistes, de dévoiler : pas question de se laisser censurer par quelque convention esthétique d'idéalisation ou par quelque tabou moral que ce soit. On traitera donc de l'homme – et, par voie de conséquence, de la société elle-même – sur un mode physiologique, comme d'organismes de chair susceptibles de maladies ou de tares, physiques ou psychiques ; on traitera du corps – de celui de la femme, en particulier ; on traitera du sexe, de la prostitution, de la guerre, de l'art ; on mettra en scène le langage lui-même, ou plutôt les langages : ceux qui se parlent vraiment en dehors des livres, celui, par exemple, des paysans, ou des ouvriers, presque exactement tel qu'ils le parlent dans les campagnes ou les mines. Il n'y a pas d'ouvriers chez Balzac ; c'est, entre autres, en faisant de prolétaires les personnages de *L'Assommoir* ou de *Germinal* que Zola s'imposera.

Cette découverte du réel dans sa totalité repose sur l'observation, l'investigation et l'explication d'une réalité qu'on entend révéler au public, afin de susciter sa réflexion et de le placer face à ses responsabilités : il est possible de démystifier le réel, de montrer que les forces agissant sur l'homme (l'hérédité, le milieu) sont identifiables et peuvent être maitrisées*. L'opération – nous le verrons bientôt de plus près – relève visiblement de la science : il est d'ailleurs révélateur que Zola et les naturalistes désignent souvent leurs œuvres comme des "études" autant que comme des "romans". De la science, et donc de la désacralisation : ce n'est pas sa relation mystérieuse à un destin incompréhensible qui définit l'homme et son action.

Il s'en faut de beaucoup que Zola ait inventé entièrement cette conception nouvelle. Dans la seconde moitié du XIXe siècle, le naturalisme n'est en France, pour une bonne part, qu'une continuation et une radicalisation du réalisme (bien des spécialistes de la question envisagent d'ailleurs ensemble les deux mouvements). Dans son écrit théorique principal, *Le roman expérimental* (1879), Zola lui-même désigne clairement les prédécesseurs qui ont "accompli, écrit-il, l'évolution naturaliste" :

Fragment à insérer sous la forme d'une citation : A B C D E (choisir la lettre qui convient)

Zola fait bien de rester prudent, car Flaubert lui-même repoussait, *a priori*, toute sorte d'école, et affirmait (en 1875) exécrer le réalisme, "bien qu'on m'en fasse, écrivait-il, un des pontifes". Quant au réalisme, on se gardera bien, du reste, de le réduire à quelques décennies de l'histoire littéraire française : c'est un courant qui traverse toute l'histoire de l'art occidental, et qui s'oppose à un autre courant de fond : l'idéalisme. Tout ceci pour montrer qu'il est sans doute commode de rattacher tel auteur à tel mouvement, mais que, souvent, ce rattachement est schématique ou peu conforme à la réalité : le propre d'un artiste, après tout, n'est-il pas son indépendance d'esprit ?

En 1865, parait* un roman des frères Edmond et Jules de Goncourt, intitulé *Germinie Lacerteux*. Zola célèbre cet ouvrage comme annonçant clairement la mission nouvelle de la littérature. La préface écrite par les frères Goncourt pour leur roman sonne effectivement comme un manifeste quelque peu provocateur. Cette préface est d'une importance capitale : elle contient l'essentiel des idées que Zola fera siennes ; elle annonce la préface de *La fortune des Rougon* (1871), dans laquelle Zola programme son grand œuvre : *Les Rougon-Macquart*. Que dit-elle donc, cette préface des Goncourt ? En substance, que le public hypocrite se complait* ordinairement dans une littérature fade et fausse, qui ne dérange en rien sa digestion. Au risque pour les auteurs de paraitre* choquants (et pour leur œuvres de scandaliser), il est temps qu'ils réveillent le public. En lui faisant voir, dans des romans proches de l'enquête sociale et de l'étude scientifique, l'humanité des "basses classes", du peuple, des petits, des pauvres.

Le naturalisme, donc, est un concept fédérateur autour duquel, par l'action de Zola, qui assume le rôle de théoricien, se groupent, pour un temps, quelques écrivains qui entendent professionnaliser l'activité littéraire, en lui donnant couleur d'étude scientifique. Voyons quel est ce groupe, et voyons surtout de plus près la méthode – le système – que Zola lui propose.

En 1880, un recueil collectif de nouvelles, intitulé *Les soirées de Médan*, est publié conjointement par Zola, Maupassant, Huysmans, Céard, Hennique et Alexis. Le titre de ce recueil relève, à la fois, de la légende et de la vérité. Il est vrai que Zola, en 1878, a acheté puis aménagé une maison à Médan, dans la région parisienne, et que ses amis s'y réunissaient volontiers. Mais l'idée du recueil n'est pas venue d'histoires racontées et partagées par les membres du groupe au cours de soirées passées dans la propriété de Zola. Cette légende, inventée par Maupassant, était destinée à retenir l'attention du public et de la critique. Elle a contribué – ainsi, bien sûr, que la publication du recueil précité – à imposer l'idée d'un groupe, sinon d'une école naturaliste.

Quelle procédure d'écriture se fait jour au sein de ce groupe ? Il s'agit de recourir à une méthode transposée des sciences, lesquelles sciences étaient en progrès considérable à l'époque. Zola rêve de renouveler le genre romanesque en annexant les idées modernes développées dans les milieux scientifiques du temps.

Citons d'abord Auguste Comte (1798-1857). Pour lui, le *positivisme* consiste en une explication scientifique des phénomènes, y compris des phénomènes sociaux : il s'agit de découvrir les lois sur lesquelles repose le fonctionnement de la société. Voilà pour le cadre général : le réel est explicable de manière rationnelle.

En 1864, parait* une traduction française de l'ouvrage de Charles Darwin : *De l'origine des espèces* (1859). La lecture du biologiste anglais apprend aux romanciers naturalistes que les espèces vivantes évoluent, se transforment. C'est le cas de l'espèce humaine : l'homme n'est pas une créature à part, fondamentalement distincte des autres animaux ; l'humain est englobé dans le biologique.

Selon Darwin, l'évolution, la transformation, s'opèrent sous l'influence de trois facteurs : l'action opérée sur les espèces par le milieu où elles vivent, les mécanismes de la sélection naturelle (dans la lutte pour la vie, les faibles sont éliminés par les forts) et la transmission héréditaire des caractères acquis. Ainsi, pour Zola, les histoires racontées par les romanciers naturalistes devraient-elles avoir pour moteurs principaux l'animalité foncière des personnages, le milieu où ils évoluent, les circonstances de leurs conduites, l'Histoire où s'inscrit leur destinée et, enfin, leur programmation génétique.

C'est dans le *Traité philosophique et physiologique de l'hérédité naturelle* (1868), de Prosper Lucas, que Zola trouve le système physiologique qui lui permet d'établir l'arbre généalogique de la famille dont il envisage de raconter l'histoire, et l'idée d'utiliser l'hérédité comme un moteur essentiel de l'histoire en question. Au départ de celle-ci, il y a la névrose d'Adélaïde Fouque, mariée à son domestique Rougon, et qui prendra pour amant, après la mort de celui-ci, un ivrogne : Macquart. À partir de là, toute leur descendance va dégénérer.

Mentionnons enfin l'*Introduction à l'étude de la médecine expérimentale* (1865), du physiologiste français Claude Bernard. Zola fondera sur cet ouvrage son principal écrit théorique, *Le roman expérimental.* Il reprend l'adjectif à Bernard, et, à la suite de ce dernier, explique les différences entre fatalisme et déterminisme. L'écrivain naturaliste refuse de considérer la destinée de ses personnages comme tracée fatalement par une instance transcendante ; c'est lui, l'écrivain, qui agit sur le déterminisme des phénomènes qu'il rapporte.

Comme Bernard l'a fait pour la médecine, Zola veut donc transformer le romancier en expérimentateur, et l'art du roman en science. Cette théorie a bien entendu provoqué les critiques. Si, en effet, il est possible, en biologie, par exemple, de répéter des expériences (d'"expérimenter") en vue de valider une hypothèse avancée après observation d'un phénomène, cette expérimentation est évidemment illusoire dans le cadre du roman, où elle dépend exclusivement du choix du romancier, lequel ne trouvera jamais dans son œuvre que ce que lui-même y aura établi préalablement. Il faut d'ailleurs préciser ici qu'à vouloir systématiser la transposition romanesque de la démarche scientifique, Zola risquait l'échec de l'entreprise, et qu'effectivement, bien des romans naturalistes s'éloignent, plus ou moins, du modèle. Ce modèle, en tout cas, est clairement illustré par *Thérèse Raquin*, d'autant que Zola, au seuil de la 2e édition de ce roman, s'explique en ces termes :

Fragment à insérer sous la forme d'une citation : A B C D E (choisir la lettre qui convient)

Animé, donc, d'un idéal scientifique, le romancier naturaliste, préalablement à l'écriture de son récit, constitue un dossier préparatoire. Il y accumule une série de documents : références bibliographiques, résumés, plus ou moins détaillés, des ouvrages littéraires ou spécialisés qu'il a lus ou consultés, coupures de presse, comptes rendus de visites ou d'enquêtes effectuées directement, notes collectées auprès d'informateurs, schémas successifs du roman en gestation, brouillons, etc.

Intertitre

C'est dès la fin de l'année 1868 – il a alors vingt-huit ans – que Zola, pour sa part, a commencé à planifier la série, déjà évoquée, des vingt volumes qu'il publiera, de 1871 à 1893, sous le titre générique *Les Rougon – Macquart. Histoire naturelle et sociale d'une famille sous le Second Empire.*

S'il s'agit d'une "Histoire", c'est que Zola choisit pour sujet une période très précise de son époque : le Second Empire, justement. Et c'est au moment même où il entame la concrétisation de son projet (les premiers feuilletons de *La fortune des Rougon* paraissent en 1870) que le régime en question, abhorré par l'écrivain, s'effondre.

En décembre 1848, Louis-Napoléon Bonaparte, neveu de Napoléon Ier, est élu président de la (Seconde) République. Par le coup d'État du 2 décembre 1851 (décrit dans le premier volume de la série, publié en 1871 : *La Fortune des Rougon*), il devient Napoléon III (le personnage historique est mis en scène dans *La Curée*, 1871, et dans *Son Excellence Eugène Rougon*, 1876). Il instaure le régime du Second Empire, régime autoritaire qui tire sa force de l'enrichissement intérieur par le développement industriel et bancaire (*Au bonheur des dames*, 1883, présente la création des grands magasins ; *La Bête humaine*, 1889, décrit le développement du rail ; dans *L'Argent*, 1891, sont évoqués l'expansion boursière et les krachs). La croissance rapide de la production s'opère au détriment des ouvriers dont les conditions de vie et de travail se dégradent (*Germinal*, 1885).

Le Second Empire s'effondrera en 1870, date à laquelle la France est battue par la Prusse, à Sedan (le désastre de Sedan est décrit dans *La Débâcle*, 1892). Napoléon III est fait prisonnier, la Troisième république est proclamée. Cependant, la guerre se poursuit. Paris est assiégée. Les souffrances de la population parisienne et la mollesse du gouvernement (qui signe l'armistice) aboutissent à l'établissement d'un gouvernement révolutionnaire (La Commune de Paris, 1871), qui succombera rapidement à la répression impitoyable de la Troisième République.

Pour le reste, on aura compris pourquoi, dans le sous-titre de sa fresque, Zola qualifie son histoire de "naturelle" et de "sociale". L'approche scientifique de la matière romanesque (le réel tout entier) exclut toute explication surnaturelle. L'homme est d'abord un corps, un organisme, qui recèle en lui une part de bestialité instinctive, et qui est conditionné au départ par son patrimoine héréditaire. Il est confronté en outre à une société et à un milieu qui déterminent son évolution.

Mais le naturalisme lui-même évolue, et, comme toute chose, il est voué à disparaitre*. Du moins, dans la forme que Zola souhaitait perpétuer. Le 18 aout* 1887, parait* dans *Le Figaro* un article intitulé *Manifeste des Cinq contre* La Terre. Les signataires (Bonnetain, Rosny, Descaves, Margueritte et Guiches) protestent vigoureusement contre le roman que Zola vient de publier sous ce titre. Au nom de la vérité, l'auteur se complait*, selon eux, à écrire de la littérature ordurière. Le reproche n'est pas neuf. Ce qui se passe surtout, c'est que ces débutants affirment leur volonté de trouver leur propre voie dans la littérature, de manière autonome : ils indiquent ainsi le déclin du naturalisme en tant que méthode de référence.

En 1903 – Zola est mort l'année précédente –, Joris-Karl Huysmans reprend, en vue de l'assortir d'une nouvelle préface, son roman de 1884, *À rebours*. À lui seul, ce titre signifiait déjà la rupture de Huysmans avec le naturalisme. Avec la préface de 1903, Huysmans, qui, entre-temps, s'est converti au catholicisme, persiste et signe le bilan qu'il dressait déjà en 1884, et que l'on peut résumer comme suit. À ses dires, les naturalistes ont malheureusement cantonné leurs œuvres dans la représentation de personnages moyens et dans l'exploration complaisante du seul péché de luxure, dont ils ont malheureusement vite fait le tour, tous leurs romans ressassant les mêmes histoires d'adultères. Sans doute, poursuit Huysmans, le souci de vérité vraie du naturalisme était-il louable. Mais, d'une part, démunis des lumières de l'Église, les naturalistes n'étaient pas habilités à écrire valablement sur le péché. Et, d'autre part, ce qui est exceptionnel ou ce qui parait* invraisemblable n'est pas à négliger : la vertu, par exemple, d'un point de vue catholique, présente un intérêt suffisant à sa mise en scène artistique.

Fragment A

Il est inutile d'insister sur la nouvelle formule que Balzac et Stendhal apportaient. Ils faisaient par le roman l'enquête que les savants faisaient par la science. Ils n'imaginaient plus, ils ne contaient plus. Leur besogne consistait à prendre l'homme, à le disséquer, à l'analyser dans sa chair et dans son cerveau. (...) Avec *Madame Bovary*, qu'il l'ait voulu ou non, M. Gustave Flaubert venait d'apporter au naturalisme la dernière force qui lui manquait, celle de la forme parfaite et impérissable qui aide les œuvres à vivre. Dès lors, la formule se trouvait fixée.

Fragment B

J'insisterai enfin sur un troisième caractère. Le romancier naturaliste affecte de disparaître complètement derrière l'action qu'il raconte. Il est le metteur en scène caché du drame. Jamais il ne se montre au bout d'une phrase. (...) Il se tient à l'écart, surtout par un motif d'art, pour laisser à son œuvre son unité impersonnelle, son caractère de procès-verbal écrit à jamais sur le marbre.

Fragment C

Je crois que la mission de l'art est une mission de sentiment et d'amour, et que le but de l'artiste devrait être de faire aimer les objets de sa sollicitude ; au besoin, je ne lui ferais pas un reproche de les embellir un peu. L'art n'est pas une étude de la réalité positive ; c'est une recherche de la vérité idéale.

Fragment D

J'ai choisi des personnages souverainement dominés par leurs nerfs et leur sang, dépourvus de libre arbitre, entraînés à chaque acte de leur vie par les fatalités de leur chair. (Mes deux personnages) sont des brutes humaines, rien de plus. J'ai cherché à suivre pas à pas dans ces brutes le travail sourd des passions, les poussées de l'instinct, les détraquements cérébraux survenus à la suite d'une crise nerveuse. Les amours de mes deux héros sont le contentement d'un besoin ; le meurtre qu'ils commettent est une conséquence de leur adultère, conséquence qu'ils acceptent comme les loups acceptent l'assassinat des moutons ; enfin, ce que j'ai été obligé d'appeler leur remords, consiste en un simple désordre organique, en une rébellion du système nerveux tendu à se rompre. L'âme est parfaitement absente, j'en conviens aisément, puisque je l'ai voulu ainsi.

On commence, j'espère, à comprendre que mon but, scientifique avant tout, (...) a été l'étude du tempérament et des modifications profondes de l'organisme sous la pression des milieux et des circonstances. (...) J'ai simplement fait sur deux corps vivants le travail analytique que les chirurgiens font sur des cadavres.

Fragment E

Quelle masse effroyable remuée, que d'aventures douces et terribles, que de joies, que de souffrances jetées à la pelle, dans cet amas colossal de faits ! Il y a de l'histoire pure, l'Empire fondé dans le sang, d'abord jouisseur et durement autoritaire, conquérant les villes rebelles, puis glissant à une désorganisation lente, s'écroulant dans le sang, dans une telle mer de sang, que la nation entière a failli en être noyée... Il y a le petit et le grand commerce, la prostitution, le crime, la terre, l'argent, la bourgeoisie, le peuple (...), toute cette poussée croissante du socialisme souverain, gros de l'enfantement du nouveau siècle...

3.5. Faisons le point

3.5.1. *Une vie (L'humble vérité)*

Les activités suivantes portent sur des extraits de ce roman, reliés entre eux par des résumés. Ces activités devraient vous aider à conclure qu'il s'agit – ou qu'il ne s'agit pas, ou qu'il s'agit dans une certaine mesure – d'un roman naturaliste.

1. Voici plusieurs titres de romans réalistes et naturalistes. De toute évidence, le titre choisi par Maupassant pour son premier roman (1883) se singularise par rapport à ceux-ci. En quoi ? Notez une (des) hypothèse(s) de lecture du roman que vous fonderez sur cette singularité.

   Gustave FLAUBERT, *Madame Bovary* (1857), *Bouvard et Pécuchet* (1881).
   Émile ZOLA, *La faute de l'abbé Mouret* (1875), *Le Docteur Pascal* (1893).
   Edmond et Jules de GONCOURT, *Renée Mauperin* (1864), *Germinie Lacerteux* (1865), *Manette Salomon* (1867), *Charles Demailly* (1868), *Madame Gervaisais* (1869).
   Joris-Karl HUYSMANS, *Marthe* (1876), *Les sœurs Vatard* (1879).
   Edmond de GONCOURT, *La fille Elisa* (1877), *Les frères Zemganno* (1879).
   Léon HENNIQUE, *L'accident de M. Hébert* (1883), *Minnie Brandon* (1899).
   Paul ALEXIS, *Madame Meuriot* (1890).

Jeanne, 17 ans, est la fille du baron et de la baronne Le Perthuis des Vauds. Son père est tout pétri du panthéisme de Rousseau, sa mère est une romantique impénitente. Nous sommes au printemps 1819. Jeanne vient de quitter le couvent où, comme bien des jeunes filles de son rang, elle a passé son adolescence. Ses parents et elle emménagent "aux Peuples"(c'est-à-dire aux Peupliers), un château de famille perdu sur la côte normande, parmi quelques maisons de pêcheurs et quelques fermes. Jeanne a compensé les rigueurs de son éducation religieuse en se berçant d'illusions romanesques et de rêves fervents d'amours exaltés.

Le vicomte Julien de Lamare est introduit aux Peuples par le curé du coin. Jeanne, grisée par son propre désir d'aimer autant que par le charme apparent de Julien, est fiancée et mariée en quelques semaines. Elle, qui ne connait* de la vie et de l'amour que ce qu'elle en a magnifiquement imaginé, subit sa nuit de noces avec angoisse et répugnance. Lui, au cours du voyage du jeune couple en Corse et, au retour, dès les premiers moments passés aux Peuples, se révèle tel qu'en lui-même : avare, autoritaire, affairiste, prétentieux, soucieux avant tout du paraitre*.

Les jours s'enchainent*, monotones. Jeanne, délaissée par Julien – qui le plus souvent fait chambre à part –, s'enlise dans l'hiver et l'ennui. Rosalie, la jeune domestique, semble avoir quelque problème de santé...

2. Flaubert est communément désigné comme le maitre* de Maupassant. Le début de résumé qui précède comporte-t-il des indices permettant de confirmer la chose ? Si oui, lesquels ? Vous pouvez, pour répondre, retourner au chapitre I de votre manuel.

Jeanne (...) descendait parfois sur le perron. Des bruits de vie venaient de fort loin répercutés sur la tranquillité dormante de cette nappe livide et morne.

Puis elle n'entendait plus rien qu'une sorte de ronflement des flots éloignés et le glissement vague et continu de cette poussière d'eau gelée tombant toujours.

Et la couche de neige s'élevait sans cesse sous la chute infinie de cette mousse épaisse et légère.

Par une de ces pâles matinées, Jeanne immobile chauffait ses pieds au feu de sa chambre, pendant que Rosalie, plus changée de jour en jour, faisait lentement le lit. Soudain elle entendit derrière elle un douloureux soupir. Sans tourner la tête, elle demanda : "Qu'est-ce que tu as donc ?"

La bonne, comme toujours, répondit : "Rien, Madame" ; mais sa voix semblait brisée, expirante.

Jeanne déjà songeait à autre chose quand elle remarqua qu'elle n'entendait plus remuer la jeune fille.

Elle appela : "Rosalie !" Rien ne bougea. Alors, la croyant sortie sans bruit, elle cria plus fort : "Rosalie !" et elle allait allonger le bras pour sonner quand un profond gémissement, poussé tout près d'elle, la fit se dresser avec un frisson d'angoisse.

La petite servante, livide, les yeux hagards, était assise par terre, les jambes allongées, le dos appuyé contre le bois du lit.

Jeanne s'élança : "Qu'est-ce que tu as, qu'est-ce que tu as ?"

L'autre ne dit pas un mot, ne fit pas un geste ; elle fixait sur sa maîtresse un regard fou, et haletait, comme déchirée par une effroyable douleur. Puis, soudain, tendant tout son corps, elle glissa sur le dos, étouffant entre ses dents serrées un cri de détresse.

Alors sous sa robe collée à ses cuisses ouvertes quelque chose remua. Et de là partit aussitôt un bruit singulier, un clapotement, un souffle de gorge étranglée qui suffoque ; puis soudain ce fut un long miaulement de chat, une plainte frêle et déjà douloureuse, le premier appel de souffrance de l'enfant entrant dans la vie.

Jeanne brusquement comprit, et, la tête égarée, courut à l'escalier criant : "Julien, Julien !"

Il répondit d'en bas : "Qu'est-ce que tu veux ?"

Elle eut grand-peine à prononcer : "C'est... c'est Rosalie qui..."

Julien s'élança, gravit les marches deux par deux, et, entrant brusquement dans la chambre, il releva d'un seul coup les vêtements de la fillette et découvrit un affreux petit morceau de chair, plissé, geignant, crispé et tout gluant, qui s'agitait entre deux jambes nues.

Il se redressa, la face méchante, et poussant dehors sa femme éperdue : "Ça ne te regarde pas. Va-t'en. Envoie-moi Ludivine et le père Simon."

Jeanne, toute tremblante, descendit à la cuisine, puis, n'osant plus remonter, elle entra dans le salon (...), et elle attendit anxieusement des nouvelles.

Elle vit bientôt le domestique qui sortait en courant. Cinq minutes après il rentra avec la veuve Dentu, la sage-femme du pays.

Alors ce fut dans l'escalier un grand remuement comme si on portait un blessé ; et Julien vint dire à Jeanne qu'elle pouvait remonter chez elle.

Elle tremblait comme si elle venait d'assister à quelque sinistre accident. Elle s'assit de nouveau devant son feu, puis demanda : "Comment va-t-elle ?"

Julien, préoccupé, nerveux, marchait à travers l'appartement ; et une colère semblait le soulever. Il ne répondit point d'abord ; puis, au bout de quelques secondes, s'arrêtant : "Qu'est-ce que tu comptes faire de cette fille ?"

Elle ne comprenait pas et regardait son mari : "Comment ? Que veux-tu dire ? Je ne sais pas, moi."

Et soudain il cria comme s'il s'emportait : "Nous ne pouvons pourtant pas garder un bâtard dans la maison."

Alors Jeanne demeura très perplexe ; puis, au bout d'un long silence : "Mais mon ami, peut-être pourrait-on le mettre en nourrice ?"

Il ne la laissa pas achever : "Et qui est-ce qui paiera ? Toi sans doute ?"

Elle réfléchit encore longtemps, cherchant une solution ; enfin elle dit : "Mais le père s'en chargera, de cet enfant ; et, s'il épouse Rosalie, il n'y a plus de difficultés. "Julien, comme à bout de patience, et furieux, reprit : "Le père !... le père !... le connais-tu... le père ?... Non, n'est-ce pas ? Eh bien, alors ? ..."

Guy de MAUPASSANT, *Une vie* (1883)

3. Qualifieriez-vous de naturaliste la scène que vous venez de lire ? Pour quelle(s) raison(s) précises ?

4. Quelle conclusion tirez-vous du comportement adopté par Julien en cette circonstance ?

Rosalie accouche donc d'un bâtard dont il s'avère que le père est Julien. Pour Jeanne, elle-même enceinte, c'est l'écroulement des rêves. Au bord du suicide, elle sombre dans une longue inconscience. Elle se remet pourtant. Le printemps revient, puis l'été, et Jeanne accouche d'un fils que l'on baptise Paul. Elle reporte sur lui toute l'affection dont elle déborde encore. Il est convenu du reste entre Jeanne, ses parents et le curé que celui-ci trouvera un paysan pour épouser Rosalie et accepter son bâtard, en échange d'une terre que la famille lui cèdera*. Quelque temps après, Désiré Lecoq, un grand gars d'une vingtaine d'années, se rend aux Peuples...

5. Dans l'extrait qui suit, soyez attentif(ve) à la manière dont l'auteur-narrateur représente l'échange verbal entre les personnages.

Le paysan s'assit (...). Au bout d'un assez long silence il se décida enfin, et, levant son regard vers le ciel bleu : "En v'là du biau temps pour la saison. C'est la terre, qui n'en profite pour c'q'y a déjà d'semé." Et il se tut de nouveau.

Le baron s'impatientait ; il attaqua brusquement la question, d'un ton sec : "Alors, c'est vous qui épousez Rosalie ?"

L'homme aussitôt devint inquiet, troublé dans ses habitudes de cautèle normande. Il répliqua d'une voix plus vive, mis en défiance : "C'est selon, p't'être que oui, p't'être que non, c'est selon."

Mais le baron s'irritait de ces tergiversations : "Sacrebleu ! répondez franchement : est-ce pour ça que vous venez, oui ou non ? La prenez-vous, oui ou non ?"

L'homme, perplexe, ne regardait plus que ses pieds : "Si c'est c'que dit M'sieu l'curé, j'la prends ; mais si c'est c'que dit M'sieu Julien, j'la prends point."

- "Qu'est-ce que vous a dit M. Julien ?"

- "M'sieu Julien, i m'a dit qu'j'aurais quinze cents francs ; et m'sieu l'curé i m'a dit que j'aurais vingt mille ; j'veux ben pour vingt mille, mais j'veux point pour quinze cents."

Alors la baronne, qui restait enfoncée en son fauteuil, devant l'attitude anxieuse du rustre, se mit à rire par petites secousses. Le paysan la regarda de coin, d'un œil mécontent, ne comprenant pas cette gaieté, et il attendit.

Le baron, que ce marchandage gênait, y coupa court. "J'ai dit à M. le curé que vous auriez la ferme de Barville, votre vie durant, pour revenir ensuite à l'enfant. Elle vaut vingt mille francs. Je n'ai qu'une parole. Est-ce fait, oui ou non ?"

L'homme sourit d'un air humble et satisfait, et devenu soudain loquace : "Oh ! pour lors, je n'dis pas non. N'y avait qu'ça qui m'opposait. Quand m'sieu l'curé mn'a parlé, j'voulais ben tout d'suite, pardi, et pi j'étais ben aise d'satisfaire m'sieu l'baron, qui me r'vaudra ça, je m'le disais. C'est-i pas vrai, quand on s'oblige, entre gens, on se r'trouve toujours plus tard ; et on se r'vaut ça. Mais m'sieu Julien m'a v'nu trouver ; et c'n'était pu qu'quinze cents. J'm'ai dit : "Faut savoir", et j'suis v'nu. C'est pas pour dire, j'avais confiance, mais j'voulais savoir. I n'est qu'les bons comptes qui font les bons amis, pas vrai, m'sieu l'baron ..."

Il fallut l'arrêter ; le baron demanda :

"Quand voulez-vous conclure le mariage ?"

Alors l'homme redevint brusquement timide, plein d'embarras. Il finit par dire, en hésitant : "J'frons-ti point d'abord un p'tit papier ?"

Le baron, cette fois, se fâcha : "Mais, nom d'un chien ! puisque vous aurez le contrat de mariage. C'est là le meilleur des papiers."

Le paysan s'obstinait : "En attendant, j'pourrions ben en faire un bout tout d'même, ça nuit toujours pas".

Le baron se leva pour en finir : "Répondez oui ou non, et tout de suite. Si vous ne voulez plus, dites-le, j'ai un autre prétendant."

Alors la peur du concurrent affola le Normand rusé. Il se décida, tendit la main comme après l'achat d'une vache : "Topez-la, m'sieu l'baron, c'est fait. Couillon qui s'en dédit."

Le baron topa, puis cria : "Ludivine !" La cuisinière montra la tête à la fenêtre : "Apportez une bouteille de vin." On trinqua pour arroser l'affaire conclue. Et le gars repartit d'un pied plus allègre.

Guy de MAUPASSANT, *Une vie* (1883)

6. Quelles remarques avez-vous à formuler à propos des échanges représentés ?

7. Quels sont, dans l'extrait que vous venez de lire, les éléments essentiels de la situation de communication ?

   - Qui sont les interlocuteurs en présence et quel est leur statut respectif ?
   - Quels sont les enjeux de leur entretien ?
   - Où se passe celui-ci ? (Ce lieu a-t-il quelque importance ?)

8. Dans la conversation authentique, les échanges entre interlocuteurs se structurent habituellement de la façon suivante.

   - Ils s'ouvrent et se ferment de manière relativement ritualisée : salutations, remerciements, considérations sur la santé, sur le temps, etc.
   - Mis à part les phases d'ouverture et de fermeture, les échanges proprement dits peuvent se ramener schématiquement à trois phases.
     - L'un des interlocuteurs <u>prend l'initiative</u> ; son intervention (c'est-à-dire sa (ses) première(s) réplique(s) traduit (traduisent) un acte de langage : elle(s) montre(nt) ce qu'il veut faire en prenant la parole (demander, suggérer, prier, questionner, affirmer, accuser, enjoindre, etc.).
     - Par une (ou plusieurs) réplique(s), l'autre interlocuteur <u>exprime sa réaction</u> à l'initiative du premier ; cette réaction peut également se résumer en un acte de langage.
     - Enfin, par sa (ses) réplique(s) suivante(s), le premier interlocuteur <u>évalue</u> la réaction du second.

   En retournant précisément au texte, dites si les échanges représentés par l'auteur-narrateur se conforment à la structure habituelle de la conversation authentique.

9. Pour représenter le discours des personnages, l'auteur-narrateur peut choisir parmi diverses techniques que vous connaissez : discours direct, indirect, indirect libre, raconté. Quel mode de discours rapporté est ici choisi ? Quelle(s) raison(s) justifient ce choix ?

10. Pour représenter l'oralité des propos tenus par le paysan, pour transcrire ses paroles tout en donnant l'impression qu'elles ont bien été proférées, l'auteur-narrateur recourt à divers procédés linguistiques (phonétiques, lexicaux, syntaxiques) : repérez-en quelques-uns.

11. De vos réponses aux trois dernières questions, tirez de nouvelles conclusions sur l'appartenance littéraire de Maupassant.

Les mois passent. Une comtesse du voisinage, Gilberte de Fourville, devient la meilleure amie de Jeanne. Julien, cependant, entreprend une liaison avec Gilberte. Lorsque Jeanne découvre la nouvelle trahison de son mari et la double perfidie de son amie (qui est elle-même mariée à un homme un peu rustre, mais profondément amoureux), elle sombre dans le désespoir. Ce nouveau coup porté aux illusions de son âme sensible et pure n'est pourtant pas le dernier : sa vieille mère, qu'elle chérit, meurt.

Jeanne tâche de surmonter l'humiliation que lui inflige Julien et la douleur qu'elle ressent de la perte de sa mère. Douleur avivée par la découverte, en lisant d'anciennes lettres, que la baronne elle-même avait trompé son mari ! Un deuxième enfant, se dit Jeanne, contribuerait sans doute à lui rendre la vie plus respirable. Mais Julien ne veut rien entendre : Paul est déjà trop encombrant. La jeune femme se confie alors au curé, qui lui suggère un stratagème : qu'elle fasse croire à son mari et à son entourage qu'elle est enceinte ; Julien, de la sorte, perdra toute prudence et engrossera sa femme malgré lui. Cette prédiction de l'abbé se réalise, et Jeanne se retrouve presque heureuse. Le comte de Fourville, cependant, découvre l'adultère de sa femme. Fou de jalousie, il tue les deux amants. Le soir même du drame, Jeanne accouche d'un enfant mort-né.

Jeanne se met alors à idolâtrer follement son fils Paul. Enfant gâté, celui-ci finira par tourner mal : après de laborieuses années de collège, Paul s'enfuit à l'étranger avec une fille, et n'écrit à sa mère que pour lui soutirer de l'argent.

Mais voilà que, vingt-quatre années après avoir quitté sa maitresse* dans les circonstances que l'on sait, Rosalie fait sa réapparition (Jeanne a donc la quarantaine). Devenue veuve elle-même, Rosalie, d'autorité, entreprend de sauver Jeanne de la ruine dont elle est menacée par l'ingratitude de Paul. Elle lui fait vendre les Peuples pour une maison plus modeste, contrôle les dépenses et tâche d'aider Jeanne à surmonter la dépression, voire à se sauver de la folie où, petit à petit, la dure réalité de sa vie désespérante l'a menée. Paul lui écrit un jour que sa maitresse*, après avoir accouché d'une fille, est à l'article de la mort. Jeanne recueillera l'enfant, et Rosalie aura ce mot de la fin : "La vie, voyez-vous, ça n'est jamais si bon ni si mauvais qu'on croit".

Sur l'ensemble du roman :

12. La lecture des échantillons ci-dessus vous a-t-elle conforté(e) dans l'hypothèse émise à partir du titre ? Pourquoi ?

13. Un récit de fiction peut proposer au lecteur ce qu'il est convenu d'appeler une fin "fermée"ou un fin "ouverte". Selon Maupassant (Préface de *Pierre et Jean*), le romancier idéaliste privilégie la fin fermée. Cette sorte de fin satisfait entièrement la curiosité du lecteur, qui, le livre achevé, se désintéresse de l'avenir des personnages. Maupassant ne théorise pas davantage : il n'explique pas en quoi consiste selon lui une fin ouverte. Il nous reste donc à voir comment, dans la pratique, il termine son roman.

    Comment vous, lecteur, lisez-vous la fin d'*Une vie* ?

    - Réfléchissez à la phrase finale de Rosalie : de quelle "vie", selon vous, s'agit-il ? Et qui est ce "on"?
    - Vous-même, une fois refermé ce livre, estimeriez-vous en avoir définitivement terminé avec cette histoire ? Ou, au contraire, pensez-vous que, la prolongeant, vous pourriez rester actif(ve), jouer un rôle ? Lequel ?

14. Vous verrez, dans le chapitre suivant, que plusieurs romans du XIXe siècle sont des "romans de formation". À cet égard, voici ce qu'écrit Alain Buisine. Partagez-vous son opinion ? Pourquoi ?

    1 On a si souvent répété que tout roman du XIXe siècle est fatalement un "roman de formation"qu'il importe de souligner qu'*Une vie* est un roman de la déformation, de la dissolution, de la perte. Rares sont les entreprises romanesques de cette époque qui menacent et fragilisent à ce point la constitution de l'identité du sujet.

    (Lecture d'*Une vie*)

15. En vous fondant sur les résumés, les extraits et les 14 activités précédentes, et en retournant, le cas échéant, à la synthèse *Zola et le naturalisme*, listez, dans un tableau à 2 colonnes, les arguments qui permettent de dire qu'*Une vie* est un roman naturaliste, et les arguments qui empêchent cet étiquetage.

3.5.2. Un roman naturaliste d'aujourd'hui

Le concept de naturalisme n'est pas mort. Pour preuve, la chronique ci-dessous (*Le Vif/L'Express*, 23/03/2001).

1. Repérez dans ce document tous les éléments qui permettent à D. Rondeau de qualifier de "naturaliste" le roman *Toboggan,* de F. Pliskin.

2. Écrivez ensuite un texte où vous expliquerez chacun de ces éléments à la lumière de votre connaissance du mouvement naturaliste. Vous commencez comme suit : "Selon D. Rondeau, *Toboggan* est un roman naturaliste. Voici pourquoi."

3. Vous pouvez citer dans votre texte des passages de la chronique, mais, en aucun cas, vous ne vous limiterez à un collage de citations.

4. Votre destinataire est un élève qui ne connait* ni le mouvement naturaliste, ni la chronique de Rondeau.

Votre travail sera évalué sur les critères suivants :

- On y retrouve tous les éléments du document-source qui évoquent le naturalisme.
- Ces éléments sont expliqués clairement : le texte est compréhensible par un lecteur ignorant et soucieux de s'informer.
- Les citations éventuelles s'intègrent dans un texte qui reste personnel.
- Le texte est linguistiquement correct.
- Le texte ne comporte pas plus de 250 mots (compte non tenu du début qui vous est imposé).

LA CHRONIQUE DE DANIEL RONDEAU

Youri Bétremieux ou le héros minable d'un temps « obsédé par le corps et le sexe ». Chroniqueur à la télévision, Youri dispose d'une lucarne de 90 secondes dans une émission matinale et déclinante, *Secrets de femme,* diffusée sur la chaîne Planète femmes. Youri se contente d'une gloire au rabais et adore sa petite fille, Yasmine, dont il s'occupe un week-end sur deux depuis son divorce. « Yasmine est la meilleure part de moi-même, dit-il. Si elle n'existait pas, je serais un clochard, un cloporte, un fou. » Quand Yasmine est chez sa mère, il se repaît de sexe. Les occasions ne manquent pas, grâce à sa célébrité en demi-teinte. Des liaisons intermittentes avec des attachées de presse (Chanel, les Biscuits Lu, Disneyland ou la maison de disques Universal, etc.). Plus un cheptel constamment renouvelé : les invitées de *Secrets de femme.* Et une liaison régulière avec une chef de produits de chez L'Oréal. Tantôt Youri sodomise la cheftaine, tantôt c'est le contraire. « Godemichés, godemichés... »

Ce fantassin de la télé avait tout pour devenir le héros du dernier roman de Fabrice Pliskin, *Toboggan.* J'imagine que l'auteur a le même âge que son héros. Disons entre 30 et 40. Journaliste au *Nouvel Observateur*, il appartient à la première génération de romanciers et de lecteurs qui auront tout vécu au milieu des images. Quand ils étaient enfants, leurs grands yeux tétaient le lait hypnotique de la télévision et de la pub. Devenus grands, ils ont fait la guerre du Golfe de la même façon qu'ils ont pu se masturber : devant leur poste. « Nous voulons tout voir, écrit Pliskin (1). Nous sommes des paparazzi. Nous avons soif de gros plan... L'endoscopie est notre art poétique. »

> **Décrire, c'est son choix.**
>
> **Fabrice Pliskin**
>
> **Un roman naturaliste**

Voici donc un roman endoscopique. Expédions l'intrigue, car elle n'est qu'un prétexte à métaphore. Youri doit mourir, car tous les mâles d'aujourd'hui sont des condamnés depuis qu'on leur a volé leur sexe. Sa vie n'est qu'une longue glissade sur un toboggan qui ressemble à un boyau de géant. Quand Youri est en haut du toboggan, il sourit. Quand il arrive dans l'eau, il craint que quelqu'un (ou le ciel) ne lui tombe sur la tête. La mélancolie le saisit. Le toboggan (celui de l'Aquaboulevard) représente la vie comme elle va dans un monde transformé en parc de loisirs. Ces gammes et variations sur l'« identité masculine » ne font pas l'intérêt de *Toboggan.*

La réussite de Pliskin est ailleurs, dans la fresque ironique et cruelle de nos contemporains. Dans l'acuité du regard, dans la constance de l'agilité descriptive, dans la fantaisie de l'imagination. Pas de souci de style, mais un rendu brutal du phagocytage de la vie par la télévision et par les magazines. « Nettoyer les écuries d'Augias, écrit encore Pliskin, c'est bien ; décrire les écuries d'Augias, c'est mieux. » C'est son choix.

Dans le roman description de Pliskin, l'Histoire n'existe jamais ; elle est enterrée chaque soir sous des tombereaux d'images d'apocalypse au journal de 20 heures. Il n'y a plus de destin, seulement des hasards de programmation. Plus de ciel à contempler, seulement des bulletins météo et des annonces de pic de pollution. Il n'y a plus d'amour, mais des accouplements sous voile de latex entre hardeurs et stars du porno. Plus de vie privée ni de vie publique, seulement les éclaboussures du Moi sur l'écran du *prime time.*

Tous les hommes s'enfoncent dans cet écran comme dans un miroir sans fin qui se nourrit en boucle de leurs émois et de leurs souffrances. Ils n'ont que deux façons de survivre dans cet univers guimauve *trash* : d'un côté ou de l'autre de l'objectif. Agenouillés devant leur écran, ou en offrant leur malheur, leurs pleurs ou leur sexe en gros plan à l'œil universel de la caméra. *Toboggan* est le roman de ces nouveaux idolâtres narcisses et voyeurs que la télévision convoque par des appels à témoignage. Un roman naturaliste sans Dieu, sans diable (et sans véritable architecture, c'est dommage). Nous regrettons un excès d'énumérations et une tendance au procédé. Mais Pliskin, même s'il en dit trop, n'a pas raté Youri, l'homme empoisonné par sa propre figurine et condamné à vivre sans la consolation de ses chants secrets. ●

Toboggan, par Fabrice Pliskin. Flammarion, 473 p.

(1) Dans un article qu'il a donné à La Revue des Deux Mondes.

96 ● LE VIF/L'EXPRESS 23/3/2001

CHAPITRE 4.

LE ROMAN DE FORMATION

Dans un très beau livre publié en 1998[1], Jean-Pierre Otte nous raconte comment les enfants deviennent adultes dans les sociétés de tradition orale, que nous appelons couramment primitives. De la Sibérie à l'Afrique australe en passant par l'Amérique du Sud, ce sont d'étranges rites qui marquent le passage d'un âge à un autre. À l'époque de la puberté, la fille ou le garçon sont séparés pour la première fois de leur famille. Sur le lieu de son initiation, chacun se voit attribuer un nom nouveau, subit des épreuves douloureuses et reçoit un enseignement qui lui permettra de s'intégrer à sa tribu. Cette initiation concerne le sacré, mais aussi la sexualité et la vie en société. Dans l'isolement, chacun compose son propre chant, "le chant de soi-même", qu'il récitera aux siens lorsqu'il rentrera au village. À son retour, il sera fêté et traité comme un adulte à part entière.

Les sociétés occidentales modernes ne connaissent plus que des formes abâtardies de ces rites d'initiation : les baptêmes (ou bizutages) d'étudiants ou les épreuves du totem chez les scouts. Dans l'un et l'autre cas, les jeunes subissent des épreuves plus ou moins effrayantes ou douloureuses dont la réussite les fera reconnaitre* dans le milieu où ils pénètrent. Toutefois, cette initiation est le plus souvent librement consentie et n'a pas le caractère sacré des rites traditionnels. Chez nous, le passage de l'enfance à l'âge adulte s'effectue très lentement, tout au long de la longue période de l'adolescence. Si chacun devient adulte en traversant des épreuves, celles-ci n'ont plus rien de rituel ; elles sont propres à chaque parcours individuel et relèvent plus souvent du hasard de l'existence et des rencontres que d'une volonté délibérée de la société. Bref, chaque jeune d'aujourd'hui se forme à sa manière, selon ses propres aspirations et en fonction de la société où il vit, de son milieu, de son entourage.

Très nombreux sont les romans qui racontent cette période de la vie où un (des) personnage(s) jeune(s) se frotte(nt) au monde pour tenter de s'y faire une place. On appelle ces œuvres "romans d'initiation", "d'apprentissage" ou, plus couramment "de formation".

4.1. L'intrigue de romans de formation du XIXe siècle

Les spécialistes de la littérature française du XIXe siècle ont constaté que de nombreux romans de formation de cette période racontent des histoires ayant beaucoup de points communs. À vous de découvrir certains de ces points communs en lisant le résumé de trois chefs-d'œuvre de la littérature réaliste : *Le rouge et le noir* de Stendhal (1830), *Le père Goriot* de Balzac (1834), *L'éducation sentimentale* de Flaubert (1869). Relevez donc les principales ressemblances entre ces trois récits.

Le rouge et le noir

Années 1820. Julien Sorel, jeune homme de dix-huit ans, est le fils du propriétaire, ignorant et brutal, d'une petite scierie. Formé au latin et à l'histoire par un vieux chirurgien-major des armées napoléoniennes, il vit dans les livres et tout le destine à l'état ecclésiastique. M. de Rênal, maire de la petite ville de Verrières, souhaite faire de Julien le précepteur de ses enfants. En secret, il fait part de ses intentions au père Sorel. Celui-ci se rend chez M. de Rênal et, en paysan finaud, négocie habilement les conditions de l'engagement de Julien.

[1] *Le chant de soi-même. Récits d'initiation,* Julliard, 1998.

Engagé comme précepteur, Julien fait la connaissance de Mme de Rênal, une femme naïve qui, bien que mariée, ne sait rien de l'amour ni de son propre pouvoir de plaire. Julien se jure de la séduire pour se prouver sa propre valeur et il arrive à ses fins.

M. de Rênal l'éloigne de Verrières et le jeune homme entre au séminaire pour devenir prêtre. Son supérieur fait de lui le secrétaire du Marquis de la Môle, un noble parisien très proche du pouvoir. Julien séduit Mathilde, la fille du marquis, et obtient, en dépit de ses origines modestes, de l'épouser. Quelque temps avant la date du mariage, alors que Julien est bien près de réaliser ses ambitions, M. de la Môle reçoit une lettre de Mme de Rênal. Toujours amoureuse de Julien, celle-ci le dénonce comme un arriviste sans scrupules. Julien retourne à Verrières et blesse Mme de Rênal de deux coups de pistolet. Il est condamné à mort. En prison, il reçoit les visites de Mathilde et de Mme de Rênal.

Julien meurt courageusement sur l'échafaud ; Mathilde ensevelit sa tête dans une grotte ; Madame de Rênal meurt de chagrin peu de temps plus tard.

Le père Goriot

Ce récit, dont l'action débute en 1819, contient la douloureuse histoire d'un amour paternel excessif et donc déçu, celui du père Goriot, qui a consacré toute sa vie à permettre que ses deux filles s'élèvent dans la hiérarchie sociale, et qui meurt seul dans une pension misérable. Mais une large partie du récit est consacrée à l'apprentissage d'un jeune étudiant en droit, Eugène de Rastignac. Celui-ci, provincial de naissance noble, mais pauvre, rêve de faire fortune à Paris. Il est introduit dans la haute société parisienne par sa cousine, Mme de Beauséant, qui lui donne des conseils pour y réussir.

Il est d'abord éconduit par une des filles du père Goriot, qui a épousé un gentilhomme, M. de Restaud, mais il deviendra l'amant de la seconde fille, Mme de Nucingen, épouse d'un riche financier.

Dans la pension où il vit, il fait la connaissance d'un repris de justice, Vautrin, qui lui propose un marché : il se chargera d'assassiner le frère fortuné d'une autre pensionnaire, Victorine Taillefer. Celle-ci, seule héritière, épousera Rastignac, pour lequel elle a manifestement un penchant. Pour prix de ses services, Vautrin recevra une somme d'argent qui lui permettra de s'exiler en Amérique et d'y acheter une plantation.

Vautrin est reconnu et arrêté, mais Rastignac ne s'avoue pas vaincu : il lance à Paris un défi : "A nous deux maintenant !".

L'éducation sentimentale

1840. Frédéric Moreau a dix-huit ans lorsqu'il quitte Nogent, sa ville natale, pour faire ses études à Paris. Sur le bateau qui l'amène à la capitale, il rencontre Sophie Arnoux, épouse d'un commerçant aisé. Il tombe immédiatement amoureux d'elle. À Paris, il se fait recevoir chez Arnoux et, pour plaire à la femme qu'il aime, nourrit successivement des ambitions d'écrivain, de peintre, d'avocat et d'homme politique.

Plusieurs années plus tard, Frédéric aime toujours Sophie Arnoux, mais en silence ; celle-ci se montre aimable mais réservée. La situation sentimentale du jeune homme se complique, puisque madame Moreau nourrit le projet de marier son fils à Louise Roque, un beau parti de Nogent et qui aime Frédéric. Pourtant, celui-ci s'applique à séduire Rosanette, femme légère entretenue par Arnoux, le mari de Sophie.

Un jour, madame Arnoux avoue enfin son amour à Frédéric et accepte de se rendre à un rendez-vous. Elle ne peut pourtant tenir sa promesse, car son fils, son second enfant, tombe subitement malade. Voyant dans cet événement un signe de la Providence, elle s'interdit désormais de répondre aux avances de Frédéric. Celui-ci, ignorant la cause du rendez-vous manqué, est désespéré. Il devient l'amant attitré de Rosanette, pour qui il éprouve des sentiments mêlés de désir, de mépris et de pitié.

C'est désormais une triple vie qu'il mène : toujours secrètement amoureux de madame Arnoux, il se partage entre Rosanette, qui attend un enfant de lui, et madame Dambreuse, une veuve riche et influente qui lui propose le mariage. Aucune de ces trois voies ne lui apportera le bonheur qu'il espère : il quitte Paris seul, y laissant madame Arnoux, toujours aussi inflexible, Rosanette, qui a perdu son enfant en bas âge, et madame Dambreuse, qui a découvert ses vies multiples. Il rentre à Nogent.

En 1867, Frédéric reçoit la visite de madame Arnoux. Ils se disent de nouveau leur amour, qui a survécu à cette longue séparation, mais se quittent après des confidences émues, sans espoir ni véritable envie de se revoir jamais.

1. Écrivez un texte court où vous mettrez en évidence les traits communs entre les trois récits dont vous avez lu le résumé. Pensez notamment aux bases de comparaison suivantes : la personnalité du héros, l'objet de sa recherche, les obstacles qu'il rencontre, les lieux géographiques, les classes sociales...
Si vous éprouvez des difficultés concernant la conception et l'expression d'une comparaison, allez à la fiche de structuration 1 (page 75 à 82).

2. En écrivant leurs romans, Stendhal, Balzac et Flaubert avaient pour ambition, non seulement de raconter l'itinéraire particulier d'un héros, mais également de dresser un portrait aussi fidèle que possible de leur époque. C'est à ce titre, notamment, qu'ils sont des écrivains réalistes. En vous référant aux résumés, précisez quel(s) régime(s) politique(s) étaient en place en France aux époques citées et évoquez les caractéristiques principales de ce(s) régime(s). Si vous ne disposez pas de connaissances concernant ce point, cherchez les renseignements dans une encyclopédie.

4.2. Succès ou échec de la formation

Certaines formations sont couronnées de succès : les héros réussissent dans leur quête de succès et de bonheur ; d'autres apprentissages se soldent par un échec : les héros n'ont pas progressé, voire ont régressé. Une bonne manière d'apprécier le succès d'un apprentissage est d'en dresser un bilan, c'est-à-dire de comparer la situation initiale à la situation finale du récit pour apprécier l'enrichissement, la stagnation, voire l'appauvrissement du héros.

Dressez ce bilan pour deux des récits ci-dessus : *Le rouge et le noir* et *L'éducation sentimentale.* Julien Sorel et Frédéric Moreau ont-ils réussi ou échoué ?

4.2.1. *L'éducation sentimentale*

Voici la fin du roman de Flaubert. Complétez le bilan que vous avez établi à l'aide d'informations que vous y puiserez. Prenez d'abord connaissance de la mise en situation suivante.

Frédéric avait pour ami de jeunesse Charles Deslauriers, fils d'un capitaine de Napoléon. Battu par son père, Charles rêvait de se faire une place au soleil à n'importe quel prix, y compris en utilisant des femmes haut placées. Frédéric, lui, était très marqué par ses lectures romanesques : il prenait pour modèles des héros romantiques malheureux en amour (le Werther de Goethe ; le René de Chateaubriand). Après avoir tous deux cherché le succès et l'amour à Paris, ils se retrouvent à la fin de leur vie, en 1867.

Et ils résumèrent leur vie.

Ils l'avaient manquée tous les deux, celui qui avait rêvé l'amour, celui qui avait rêvé le pouvoir. Quelle en était la raison ?

- C'est peut-être le défaut de ligne droite, dit Frédéric.

- Pour toi, cela se peut. Moi, au contraire, j'ai péché par excès de rectitude, sans tenir compte de mille choses secondaires, plus fortes que tout. J'avais trop de logique, et toi de sentiment.

Puis, ils accusèrent le hasard, les circonstances, l'époque où ils étaient nés.

Frédéric reprit :

- Ce n'est pas là ce que nous croyions devenir autrefois, à Sens, quand tu voulais faire une histoire critique de la Philosophie, et moi, un grand roman moyen âge sur Nogent, dont j'avais trouvé le sujet dans Froissart : comment messire Brokars de Fénestranges et l'évêque de Troyes assaillirent messire Eustache d'Ambrecicourt. Te rappelles-tu ?

Et, exhumant leur jeunesse, à chaque phrase, ils se disaient:

- Te rappelles-tu ?

Ils revoyaient la cour du collège, la chapelle, le parloir, la salle d'armes au bas de l'escalier, des figures de pions et d'élèves, un nommé Angelmarre, de Versailles, qui se taillait des sous-pieds dans de vieilles bottes, M. Mirbal et ses favoris rouges, les deux professeurs de dessin linéaire et de grand dessin, Varaud et Suriret, toujours en dispute, et le Polonais, le compatriote de Copernic, avec son système planétaire en carton, astronome ambulant dont on avait payé la séance par un repas au réfectoire, - puis une terrible ribote en promenade, leurs premières pipes fumées, les distributions des prix, la joie des vacances.

C'était pendant celles de 1837 qu'ils avaient été chez la Turque.

On appelait ainsi une femme qui se nommait de son vrai nom Zoraïde Turc ; et beaucoup de personnes la croyaient une musulmane, une Turque, ce qui ajoutait à la poésie de son établissement, situé au bord de l'eau, derrière le rempart ; même en plein été, il y avait de l'ombre autour de sa maison, reconnaissable à un bocal de poissons rouges près d'un pot de réséda sur une fenêtre. Des demoiselles, en camisole blanche, avec du fard aux pommettes et de longues boucles d'oreilles, frappaient aux carreaux quand on passait, et, le soir, sur le pas de la porte, chantonnaient doucement d'une voix rauque.

Ce lieu de perdition projetait dans tout l'arrondissement un éclat fantastique. On le désignait par des périphrases: "L'endroit que vous savez, - une certaine rue, - au bas des Ponts." Les fermières des alentours en tremblaient pour leurs maris, les bourgeoises le redoutaient pour leurs bonnes, parce que la cuisinière de M. le sous-préfet y avait été surprise ; et c'était, bien entendu, l'obsession secrète de tous les adolescents.

Or, un dimanche, pendant qu'on était aux vêpres, Frédéric et Deslauriers, s'étant fait préalablement friser, cueillirent des fleurs dans le jardin de Mme Moreau, puis sortirent par la porte des champs, et, après un grand détour dans les vignes, revinrent par la Pêcherie et se glissèrent chez la Turque, en tenant toujours leurs gros bouquets.

Frédéric présenta le sien, comme un amoureux à sa fiancée. Mais la chaleur qu'il faisait, l'appréhension de l'inconnu, une espèce de remords, et jusqu'au plaisir de voir, d'un seul coup d'œil, tant de femmes à sa disposition, l'émurent tellement, qu'il devint très pâle et restait sans avancer, sans rien dire. Toutes riaient, joyeuses de son embarras ; croyant qu'on s'en moquait, il s'enfuit ; et, comme Frédéric avait l'argent, Deslauriers fut bien obligé de le suivre.

On les vit sortir. Cela fit une histoire qui n'était pas oubliée trois ans après.

Ils se la contèrent prolixement, chacun complétant les souvenirs de l'autre ; et, quand ils eurent fini :

- C'est là ce que nous avons eu de meilleur! dit Frédéric.
- Oui, peut-être bien ? C'est là ce que nous avons eu de meilleur ! dit Deslauriers.

Gustave FLAUBERT, *L'éducation sentimentale* (1869)

Le récit de Flaubert se termine donc par l'évocation de la visite des deux amis chez la Turque.

1. Quel éclairage nouveau cet épisode apporte-t-il sur le personnage de Frédéric Moreau ?
2. Selon vous, cet épisode peut-il expliquer certains déboires ultérieurs du héros ? Si oui, lesquels et pourquoi ?
3. Quelle opinion personnelle vous faites-vous de Frédéric Moreau à travers le résumé et l'extrait ? Quel sentiment principal éprouvez-vous à son égard ?

4.2.2. *Le rouge et le noir*

Vous allez être amené(e) à comparer le début et la fin de l'œuvre de Stendhal. Le premier fragment est extrait du début du roman.

Le père Sorel, qui a négocié l'engagement de son fils chez monsieur de Rênal, vient d'annoncer les termes de cet engagement à Julien.

Julien, étonné de n'être pas battu, se hâta de partir. Mais à peine hors de la vue de son terrible père, il ralentit le pas. Il jugea qu'il serait utile à son hypocrisie d'aller faire une station à l'église.

Ce mot vous surprend ? Avant d'arriver à cet horrible mot, l'âme du jeune paysan avait eu bien du chemin à parcourir.

Dès sa première enfance, la vue de certains dragons du 6e, aux longs manteaux blancs, et la tête couverte de casques aux longs crins noirs, qui revenaient d'Italie, et que Julien vit attacher leurs chevaux à la fenêtre grillée de la maison de son père, le rendit fou de l'état militaire. Plus tard, il écoutait avec transport les récits des batailles du pont de Lodi, d'Arcole, de Rivoli, que lui faisait le vieux chirurgien-major. Il remarqua les regards enflammés que le vieillard jetait sur sa croix.

Mais lorsque Julien avait quatorze ans, on commença à bâtir à Verrières une église, que l'on peut appeler magnifique pour une aussi petite ville. Il y avait surtout quatre colonnes de marbre dont la vue frappa Julien ; elles devinrent célèbres dans le pays, par la haine mortelle qu'elles suscitèrent entre le juge de paix et le jeune vicaire, envoyé de Besançon, qui passait pour être l'espion de la congrégation. Le juge de paix fut sur le point de perdre sa place, du moins telle était l'opinion commune. N'avait-il pas osé avoir un différend avec un prêtre, qui, presque tous les quinze jours, allait à Besançon, où il voyait, disait-on, Mgr l'évêque ?

Sur ces entrefaites, le juge de paix, père d'une nombreuse famille, rendit plusieurs sentences qui semblèrent injustes ; toutes furent portées contre ceux des habitants qui lisaient le *Constitutionnel*[1]. Le bon parti triompha. Il ne s'agissait, il est vrai, que de sommes de trois ou cinq francs; mais une de ces petites amendes dut être payée par un cloutier, parrain de Julien. Dans sa colère, cet homme s'écria : Quel changement ! et dire que, depuis plus de vingt ans, le juge de paix passait pour un si honnête homme ! Le chirurgien-major, ami de Julien, était mort.

Tout à coup Julien cessa de parler de Napoléon ; il annonça le projet de se faire prêtre, et on le vit constamment, dans la scie[2] de son père, occupé à apprendre par cœur une bible latine que le curé lui avait prêtée. Ce bon vieillard, émerveillé de ses progrès, passait des soirées entières à lui enseigner la théologie. Julien ne faisait paraître devant lui que des sentiments pieux. Qui eût pu deviner que cette figure de jeune fille, si pâle et si douce, cachait la résolution inébranlable de s'exposer à mille morts plutôt que de ne pas faire fortune ?

Pour Julien, faire fortune, c'était d'abord sortir de Verrières; il abhorrait sa patrie. Tout ce qu'il y voyait glaçait son imagination.

Dès sa première enfance, il avait eu des moments d'exaltation. Alors il songeait avec délices qu'un jour il serait présenté aux jolies femmes de Paris ; il saurait attirer leur attention par quelque action d'éclat. Pourquoi ne serait-il pas aimé de l'une d'elles, comme Bonaparte, pauvre encore, avait été aimé de la brillante madame de Beauharnais ? Depuis bien des années, Julien ne passait peut-être pas une heure de sa vie sans se dire que Bonaparte, lieutenant obscur et sans fortune, s'était fait le maître du monde avec son épée. Cette idée le consolait de ses malheurs qu'il croyait grands, et redoublait sa joie quand il en avait.

La construction de l'église et les sentences du juge de paix l'éclairèrent tout à coup ; une idée qui lui vint le rendit comme fou pendant quelques semaines, et enfin s'empara de lui avec la toute-puissance de la première idée qu'une âme passionnée croit avoir inventée.

"Quand Bonaparte fit parler de lui, la France avait peur d'être envahie ; le mérite militaire était nécessaire et à la mode. Aujourd'hui, on voit des prêtres, de quarante ans, avoir cent mille francs d'appointements, c'est-à-dire trois fois autant que les fameux généraux de division de Napoléon. Il leur faut des gens qui les secondent. Voilà ce juge de paix, si bonne tête, si honnête homme, si vieux, qui se déshonore par crainte de déplaire à un vicaire de trente ans. Il faut être prêtre."

STENDHAL, *Le rouge et le noir* (1830)

1. Le narrateur retrace ici l'histoire intellectuelle de Julien Sorel.

   - Quelle est la constante essentielle de cette histoire ?
   - Quelles en sont les étapes ? Essayez d'expliquer le titre du roman à partir de ces étapes.
   - Selon vous, à quoi sert-il au lecteur de connaitre* ces étapes ?

---

1 *Le Constitutionnel* est un journal libéral, opposé au pouvoir en place.

2 La scierie.

2. L'histoire intellectuelle de Julien n'est manifestement pas autonome : elle subit l'influence de la société française et des évènements* qui la traversent.

   - À l'aide d'ouvrages de référence, dressez un tableau des régimes politiques qui se sont succédé en France entre 1789 et 1830.
   - Dites sous quel régime se déroule l'engagement de Julien par M. de Rênal.
   - Quelles sont les caractéristiques de ce régime ? Puisez dans le texte des éléments de réponse.

3. La personnalité de Julien

   - Grâce à cet extrait, vous pouvez vous représenter le caractère de Julien. Construisez ce caractère à l'aide d'informations provenant de deux sources différentes: les actions, paroles et pensées du héros ; les commentaires du narrateur. Dressez un portrait aussi complet que possible de Julien et dites à quelle(s) source(s) d'information vous puisez les éléments de ce portrait.
   - Julien vous est-il sympathique ? Comprenez-vous ses réactions ? Agiriez-vous comme lui ?

En vous référant à tout ce que vous savez de Julien, dites quelle représentation il se fait d'une vie réussie et heureuse. Demandez-vous, en lisant l'extrait qui suit, s'il adhère toujours à son idéal de départ. Les pages que vous allez découvrir sont extraites de la fin du roman. Julien attend son exécution.

À mesure que j'aurais été moins dupe des apparences, se disait-il, j'aurais vu que les salons de Paris sont peuplés d'honnêtes gens tels que mon père, ou de coquins habiles tels que ces galériens. Ils ont raison, jamais les hommes de salon ne se lèvent le matin avec cette pensée poignante : Comment dînerai-je ? Et ils vantent leur probité ! et, appelés au jury, ils condamnent fièrement l'homme qui a volé un couvert d'argent parce qu'il se sentait défaillir de faim !

Mais y a-t-il une cour, s'agit-il de perdre ou de gagner un portefeuille, mes honnêtes gens de salon tombent dans des crimes exactement pareils à ceux que la nécessité a inspirés à ces deux galériens...

Il n'y a point de *droit naturel*, ce mot n'est qu'une niaiserie bien digne de l'avocat général qui m'a donné chasse l'autre jour, et dont l'aïeul fut enrichi par une confiscation de Louis XIV. Il n'y a de *droit* que lorsqu'il y a une loi pour défendre de faire telle chose, sous peine de punition. Avant la loi, il n'y a de naturel que la force du lion, ou le besoin de l'être, qui a faim, qui a froid, le *besoin* en un mot... Non, les gens qu'on honore ne sont que des fripons qui ont eu le bonheur de n'être pas pris en flagrant délit. L'accusateur que la société lance après moi, a été enrichi par une infamie... J'ai commis un assassinat et je suis justement condamné, mais, à cette seule action près, le Valenod qui m'a condamné est cent fois plus nuisible à la société.

Eh bien ! ajouta Julien tristement, mais sans colère, malgré son avarice, mon père vaut mieux que tous ces hommes-là. Il ne m'a jamais aimé. Je viens combler la mesure en le déshonorant par une mort infâme. Cette crainte de manquer d'argent, cette vue exagérée de la méchanceté des hommes qu'on appelle avarice, lui fait voir un prodigieux motif de consolation et de sécurité dans une somme de trois ou quatre cents louis que je puis lui laisser. Un dimanche après dîner, il montrera son or à tous ces envieux de Verrières. À ce prix, leur dira son regard, lequel d'entre vous ne serait pas charmé d'avoir un fils guillotiné ?

Cette philosophie pouvait être vraie, mais elle était de nature à faire désirer la mort. Ainsi se passèrent cinq longues journées. Il était poli et doux envers Mathilde, qu'il voyait exaspérée par la plus vive jalousie. Un soir, Julien songeait sérieusement à se donner la mort. Son âme était énervée par le malheur profond où l'avait jeté le départ de madame de Rênal. Rien ne lui plaisait plus, ni dans la vie réelle, ni dans l'imagination. Le défaut d'exercice commençait à altérer sa santé et à lui donner le caractère exalté et faible d'un jeune étudiant allemand. Il perdait cette mâle hauteur qui repousse par un énergique jurement certaines idées peu convenables, dont l'âme des malheureux est assaillie.

J'ai aimé la vérité... Où est-elle ?... Partout hypocrisie, ou du moins charlatanisme, même chez les plus vertueux, même chez les plus grands; et ses lèvres prirent l'expression du dégoût... Non, l'homme ne peut pas se fier à l'homme.

Madame de *** faisant une quête pour ses pauvres orphelins, me disait que tel prince venait de donner dix louis; mensonge. Mais que dis-je? Napoléon à Sainte-Hélène !... Pur charlatanisme, proclamation en faveur du roi de Rome.

Grand Dieu ! si un tel homme, et encore quand le malheur doit le rappeler sévèrement au devoir, s'abaisse jusqu'au charlatanisme, à quoi s'attendre du reste de l'espèce?... (...)

Vivre isolé !... Quel tourment !...

Je deviens fou et injuste, se dit Julien en se frappant le front. Je suis isolé ici dans ce cachot ; mais je n'ai pas *vécu isolé* sur la terre ; j'avais la puissante idée du *devoir*. Le devoir que je m'étais prescrit, à tort ou à raison... a été comme le tronc d'un arbre solide auquel je m'appuyais pendant l'orage, je vacillais, j'étais agité. Après tout, je n'étais qu'un homme... mais je n'étais pas emporté.

C'est l'air humide de ce cachot qui me fait penser à l'isolement...

Et pourquoi être encore hypocrite en maudissant l'hypocrisie ? Ce n'est ni la mort, ni le cachot, ni l'air humide, c'est l'absence de madame de Rênal qui m'accable. Si, à Verrières, pour la voir, j'étais obligé de vivre des semaines entières, caché dans les caves de sa maison, est-ce que je me plaindrais ?

L'influence de mes contemporains l'emporte, dit-il tout haut et avec un rire amer. Parlant seul avec moi-même, à deux pas de la mort, je suis encore hypocrite... O dix-neuvième siècle !

Un chasseur tire un coup de fusil dans une forêt, sa proie tombe, il s'élance pour la saisir. Sa chaussure heurte une fourmilière haute de deux pieds, détruit l'habitation des fourmis, sème au loin les fourmis, leurs œufs... Les plus philosophes parmi les fourmis ne pourront jamais comprendre ce corps noir, immense, effroyable : la botte du chasseur, qui tout à coup a pénétré dans leur demeure, avec une incroyable rapidité, et précédée d'un bruit épouvantable, accompagné de gerbes d'un feu rougeâtre...

... Ainsi la mort, la vie, l'éternité, choses fort simples pour qui aurait les organes assez vastes pour les concevoir...

Une mouche éphémère naît à neuf heures du matin dans les grands jours d'été, pour mourir à cinq heures du soir ; comment comprendrait-elle le mot *nuit* ?

Donnez-lui cinq heures d'existence de plus, elle voit et comprend ce que c'est que la nuit.

Ainsi moi, je mourrai à vingt-trois ans. Donnez-moi cinq années de vie de plus, pour vivre avec madame de Rênal...

Il se mit à rire comme Méphistophélès. Quelle folie de discuter ces grands problèmes !

1° Je suis hypocrite comme s'il y avait là quelqu'un pour m'écouter.

2° J'oublie de vivre et d'aimer, quand il me reste si peu de jours à vivre... Hélas ! madame de Rênal est absente ; peut-être son mari ne la laissera plus revenir à Besançon, et continuer à se déshonorer.

Voilà ce qui m'isole, et non l'absence d'un Dieu juste, tout-puissant, point méchant, point avide de vengeance...

Ah ! s'il existait... hélas ! je tomberais à ses pieds : j'ai mérité la mort, lui dirais-je ; mais grand Dieu, Dieu bon, Dieu indulgent, rends-moi celle que j'aime !

La nuit était alors fort avancée. Après une heure ou deux d'un sommeil paisible, arriva Fouqué.

Julien se sentait fort et résolu comme l'homme qui voit clair dans son âme.

STENDHAL, *Le rouge et le noir* (1830)

1. Julien est-il resté fidèle à son idéal de réussite et de bonheur ? Pour répondre à cette question, pensez successivement aux thèmes suivants : l'ascension sociale ; l'amour ; la hiérarchie entre ces deux valeurs.

2. Comparez les commentaires que le narrateur fait ici à propos des actes, paroles et pensées de Julien avec ceux du premier extrait.

   - Occupent-ils un volume équivalent ?
   - Indiquent-ils les mêmes rapports entre le narrateur et le héros ?[1]
   - La dernière phrase est importante. Comment l'interprétez-vous à la lumière de ce que vous savez par ailleurs du roman de formation ?

3. Éprouvez-vous toujours les mêmes sentiments à l'égard de Julien qu'après votre première lecture ? Si vos sentiments ont évolué, dites-en la raison.

---

[1] On peut distinguer deux grands types de rapports entre un narrateur et un personnage : 1) le premier s'associe au second, lui donne raison ("Marc répondit à la question de façon sensée") ; 2) il se dissocie de lui, prend ses distances ("Il prétendit qu'il était empêché par des affaires privées").

4. Rédigez un texte argumenté traitant d'un des deux sujets suivants.

   - L'apprentissage de Julien Sorel vous semble-t-il réussi ? Pour répondre à cette question, pensez aux trois éléments suivants : Julien a-t-il obtenu ce qu'il souhaitait ? se connait*-il mieux lui-même ? le narrateur considère-t-il son parcours comme une réussite ?
   - *Le rouge et le noir* vous apparait*-il comme un roman optimiste ? Défendez votre réponse par des arguments en rapport avec les textes lus.

Quel que soit le sujet choisi, vous serez évalué(e) selon les critères suivants.

- Le texte comprend une thèse claire.
- Les informations tirées des textes de Stendhal sont pertinentes à la thèse.
- Le texte comprend une concession et une réfutation.
- La création de paragraphes manifeste une organisation rigoureuse de l'argumentation.
- Les connexions entre paragraphes, phrases et groupes dans la phrase sont correctes.
- Le texte est correct sur le plan linguistique.

4.2.3. Synthèse : la formation du héros et celle du lecteur

Synthèse

1. L'auteur et son personnage

Tout roman de formation traite de l'évolution psychologique d'un héros qui se cherche. Le lecteur est amené à prendre connaissance des aspirations, des hésitations, des inquiétudes de ce héros. Pour donner accès aux pensées et aux sentiments du personnage, l'auteur peut utiliser deux modes de narration.

Le premier est la narration à la première personne : le héros raconte sa propre histoire, le plus souvent un certain temps après sa période de formation ; il y rend compte des idées et des sentiments qui l'ont habité pendant son apprentissage, mais juge aussi souvent ses expériences passées, les commente avec le recul du temps. La seconde option est la narration à la troisième personne : l'auteur-narrateur, grâce à un artifice largement admis depuis le début du XIXe siècle, fait pénétrer son lecteur dans les pensées de son personnage. Il commente ou non celles-ci. S'il les commente, c'est pour s'en dissocier ou pour les approuver.

Les grands auteurs français du XIXe siècle dont il est question dans ce chapitre ont tous opté pour la narration à la troisième personne. Tous commentent plus ou moins abondamment, plus ou moins explicitement les actes, les paroles et les pensées du héros. Par ces commentaires, ils signifient qu'ils adhèrent aux valeurs et aux sentiments du héros ou qu'ils s'en démarquent. Cette adhésion ou ce désaccord peuvent évoluer au cours de l'œuvre. Par exemple, tel auteur dénonce l'erreur où, selon lui, se trouve le personnage au début de l'histoire et se félicite d'une évolution qui va, toujours d'après lui, dans le bon sens. C'est manifestement le cas de Stendhal dans *Le rouge et le noir.*

Des situations analogues se retrouvent dans des récits de formation à la première personne : le narrateur-personnage peut, au moment de la narration, exprimer son accord ou son désaccord à l'égard de celui qu'il était durant son apprentissage.

2. Le lecteur, l'auteur et le personnage

Quoi qu'il en soit, la réussite ou l'échec de l'apprentissage produit sur le lecteur un effet que l'on peut qualifier d'idéologique. Si l'apprentissage est réussi dans le sens où le héros acquiert succès et/ou bonheur, le lecteur peut en inférer que cet aboutissement, voulu par l'auteur, est porteur d'un message positif : non seulement l'auteur affirme ses valeurs, mais encore il invite le lecteur à suivre l'exemple du héros. Par contre, si l'apprentissage du héros se solde par un échec, le lecteur doit interpréter sa faillite comme un exemple de ce qu'il ne doit pas faire. *L'éducation sentimentale* de Flaubert est de cet ordre-là. En conclusion, le roman de formation est exemplaire, puisqu'il fournit au lecteur des exemples positifs ou négatifs, le bon lecteur étant celui qui est capable d'interpréter correctement les histoires, et qui se sert de cette interprétation dans sa propre vie.

3. *Le rouge et le noir*

Le rouge et le noir présente un cas de figure particulier. Stendhal souscrit manifestement à l'évolution de son héros, qui finit par découvrir que l'amour compte plus pour lui que la réussite sociale. En ce sens, l'apprentissage de Julien Sorel est réussi. On peut supposer que Stendhal adhère à la hiérarchie des valeurs suivante : AMOUR > RÉUSSITE SOCIALE. Évidemment, Julien découvre sa vérité au seuil de la mort, ce qui laisse un gout* amer au lecteur. Mais l'échec de la vie sociale du héros est au moins autant imputable à la société d'une époque - celle de la Restauration (1815-1830) - qu'au héros lui-même. Si Julien meurt, c'est aussi parce qu'il est né trop tard, dans une période où les jeunes hommes de naissance modeste ne pouvaient plus monter socialement sans faire preuve d'hypocrisie[1]. Dans cette leçon aussi l'idéologie de Stendhal apparait* clairement.

Vous vivez dans l'Europe de l'an 2000, bien différente à première vue de la France du premier quart du XIXe siècle. Vous est-il pour autant impossible de tirer pour vous des leçons de l'apprentissage de Julien Sorel ? À vous d'y réfléchir !

4.3. Les rôles dans le roman de formation

4.3.1. Un autre ambitieux : Rastignac

Il existe bien des aspects communs entre *Le rouge et le noir* et certains romans de formation de Balzac, auteur contemporain de Stendhal. Parmi ces romans de Balzac, *Le père Goriot* (1835) et *Les illusions perdues* (1837). Vous avez lu ci-dessus un résumé de la première œuvre. Voici un extrait de celle-ci.

Rastignac est chez Mme de Beauséant, qui lui donne des conseils pour réussir dans la société parisienne. Au cours de votre lecture, interrogez-vous sur la personnalité des deux interlocuteurs.

- Eh ! bien, monsieur de Rastignac, traitez ce monde comme il mérite de l'être. Vous voulez parvenir, je vous aiderai. Vous sonderez combien est profonde la corruption féminine, vous toiserez la largeur de la misérable vanité des hommes. Quoique j'aie bien lu dans ce livre du monde, il y avait des pages qui cependant m'étaient inconnues. Maintenant je sais tout. Plus froidement vous calculerez, plus avant vous irez. Frappez sans pitié, vous serez craint. N'acceptez les hommes et les femmes que comme des chevaux de poste que vous laisserez crever à chaque relais, vous arriverez ainsi au faîte de vos désirs. Voyez-vous, vous ne serez rien ici si vous n'avez pas une femme qui s'intéresse à vous. Il vous la faut jeune, riche, élégante. Mais si vous avez un sentiment vrai, cachez-le comme un trésor ; ne le laissez jamais soupçonner, vous seriez perdu. Vous ne seriez plus le bourreau, vous deviendriez la victime. Si jamais vous aimiez, gardez bien votre secret ! ne le livrez pas avant d'avoir bien su à qui vous ouvrirez votre cœur. Pour préserver par avance cet amour qui n'existe pas encore, apprenez à vous méfier de ce monde-ci. Écoutez-moi, Miguel... (Elle se

[1] Les jeunes Français de classe sociale modeste et nés dans les années 1770-1780 pouvaient espérer faire carrière sous le régime napoléonien, devenir généraux, voire maréchaux d'Empire. Pour ceux qui sont nés plus tard, comme Julien, la probabilité d'une ascension sociale basée exclusivement sur le mérite personnel est réduite.

trompait naïvement de nom sans s'en apercevoir). Il existe quelque chose de plus épouvantable que ne l'est l'abandon du père par ses deux filles, qui le voudraient mort. C'est la rivalité des deux sœurs entre elles. Restaud a de la naissance, sa femme a été adoptée, elle a été présentée ; mais sa sœur, sa riche sœur, la belle madame Delphine de Nucingen, femme d'un homme d'argent, meurt de chagrin; la jalousie la dévore, elle est à cent lieues de sa sœur ; sa sœur n'est plus sa sœur ; ces deux femmes se renient entre elles comme elles renient leur père. Aussi, madame de Nucingen laperait-elle toute la boue qu'il y a entre la rue Saint-Lazare et la rue de Grenelle pour entrer dans mon salon. Elle a cru que de Marsay la ferait arriver à son but, et elle s'est faite l'esclave de de Marsay, elle assomme de Marsay. De Marsay se soucie fort peu d'elle. Si vous me la présentez, vous serez son Benjamin, elle vous adorera. Aimez-la si vous pouvez après, sinon servez-vous d'elle. Je la verrai une ou deux fois, en grande soirée, quand il y aura cohue ; mais je ne la recevrai jamais le matin. Je la saluerai, cela suffira. Vous vous êtes fermé la porte de la comtesse pour avoir prononcé le nom du père Goriot. Oui, mon cher, vous iriez vingt fois chez madame de Restaud, vingt fois vous la trouveriez absente. Vous avez été consigné. Eh ! bien, que le père Goriot vous introduise près de madame Delphine de Nucingen. La belle madame de Nucingen sera pour vous une enseigne. Soyez l'homme qu'elle distingue, les femmes raffoleront de vous. Ses rivales, ses amies, ses meilleures amies, voudront vous enlever à elle. Il y a des femmes qui aiment l'homme déjà choisi par une autre, comme il y a de pauvres bourgeoises qui, en prenant nos chapeaux, espèrent avoir nos manières. Vous aurez des succès. À Paris, le succès est tout, c'est la clef du pouvoir. Si les femmes vous trouvent de l'esprit, du talent, les hommes le croiront, si vous ne les détrompez pas. Vous pourrez alors tout vouloir, vous aurez le pied partout. Vous saurez alors ce qu'est le monde, une réunion de dupes et de fripons. Ne soyez ni parmi les uns ni parmi les autres. Je vous donne mon nom comme un fil d'Ariane pour entrer dans ce labyrinthe. Ne le compromettez pas, dit-elle en recourbant son cou et jetant un regard de reine à l'étudiant, rendez-le-moi blanc. Allez, laissez-moi. Nous autres femmes, nous avons aussi nos batailles à livrer.

- S'il vous fallait un homme de bonne volonté pour aller mettre le feu à une mine ? dit Eugène en l'interrompant.

- Eh bien ? dit-elle.

Il se frappa le cœur, sourit au sourire de sa cousine, et sortit. Il était cinq heures. Eugène avait faim, il craignit de ne pas arriver à temps pour l'heure du dîner. Cette crainte lui fit sentir le bonheur d'être rapidement emporté dans Paris. Ce plaisir purement machinal le laissa tout entier aux pensées qui l'assaillaient. Lorsqu'un jeune homme de son âge est atteint par le mépris, il s'emporte, il enrage, il menace du poing la société tout entière, il veut se venger et doute aussi de lui-même. Rastignac était en ce moment accablé par ces mots : *Vous vous êtes fermé la porte de la comtesse.*

- J'irai ! se disait-il, et si madame de Beauséant a raison, si je suis consigné... Je... Madame de Restaud me trouvera dans tous les salons où elle va. J'apprendrai à faire des armes, à tirer le pistolet, je lui tuerai son Maxime ! Et de l'argent ! lui criait sa conscience, où donc en prendras-tu ? Tout à coup la richesse étalée chez la comtesse de Restaud brilla devant ses veux. Il avait vu là le luxe dont une demoiselle Goriot devait être amoureuse, des dorures, des objets de prix en évidence, le luxe inintelligent du parvenu, le gaspillage de la femme entretenue. Cette fascinante image fut soudainement écrasée par le grandiose hôtel de Beauséant. Son imagination, transportée dans les hautes régions de la société parisienne, lui inspira mille pensées mauvaises au cœur, en lui élargissant la tête et la conscience. Il vit le monde comme il est : les lois et la morale impuissante chez les riches, et vit dans la fortune l'*ultima ratio mundi*. "Vautrin a raison, la fortune est la vertu !" se dit-il.

Arrivé rue Neuve-Sainte-Geneviève, il monta rapidement chez lui, descendit pour donner dix francs au cocher, et vint dans cette salle à manger nauséabonde où il aperçut, comme des animaux à un râtelier, les dix-huit convives en train de se repaître. Le spectacle de ces misères et l'aspect de cette salle lui furent horribles. La transition était trop brusque, le contraste trop complet, pour ne pas développer outre mesure chez lui le sentiment de l'ambition. D'un côté, les fraîches et charmantes images de la nature sociale la plus élégante, des figures jeunes, vives, encadrées par les merveilles de l'art et du luxe, des têtes passionnées pleines de poésie ; de l'autre, de sinistres tableaux bordés de fange, et des faces où les passions n'avaient laissé que leurs cordes et leur mécanisme. Les enseignements que la colère d'une femme abandonnée avait arrachés à madame de Beauséant, ses offres captieuses revinrent dans sa mémoire, et la misère les commenta. Rastignac résolut d'ouvrir deux tranchées parallèles pour arriver à la fortune, de s'appuyer sur la science et sur l'amour, d'être un savant docteur et un homme à la mode. Il était encore bien enfant ! Ces deux lignes sont des asymptotes qui ne peuvent jamais se rejoindre.

Honoré de BALZAC, *Le Père Goriot* (1835)

1. Madame de Beauséant

- Ce que Mme de Beauséant propose à Rastignac, c'est un véritable plan de conquête de Paris. Citez les étapes de ce plan.
- Mme de Beauséant, autant qu'un plan de bataille pour Rastignac, expose ici sa vision du monde. Qualifiez celle-ci par un adjectif. Dites en outre quelle conception Mme de Beauséant vous semble avoir de l'être humain et des rapports entre les individus.

2. Rastignac

- Rastignac est-il prêt à suivre à la lettre les conseils de sa cousine ? Quelle que soit votre réponse, développez-la.
- Tracez un portrait psychologique complet de Rastignac.
- Comparez celui-ci à Julien Sorel tel qu'il apparait* au début du *Rouge et le noir.*

3. Le narrateur

- Dans cet extrait, le narrateur confronte deux lieux opposés bien que proches géographiquement : celui des salons nobles et celui de la pension. Pourquoi, selon vous, les met-il ainsi en relation ? De quoi le trajet qu'accomplit Rastignac entre les deux lieux est-il symbolique ?
- Le narrateur donne accès longuement aux pensées de Rastignac. Selon vous, pourquoi le fait-il ? Commente-t-il les actes, les paroles et pensées du héros ou ceux de sa cousine, ou les deux ? Si oui, est-il d'accord avec l'un et l'autre / l'un ou l'autre ? Justifiez votre réponse.

4. Le lecteur

- Quel sentiment éprouvez-vous pour Mme de Beauséant ? Et pour Rastignac ?
- Le terme "noble" vous parait*-il approprié à ces deux personnages ? Pour répondre à cette question, consultez le dictionnaire et distinguez les différentes acceptions de "noble".
- Pensez-vous que le plan de bataille exposé par Mme de Beauséant soit encore valable aujourd'hui ? L'acceptez-vous sur le plan moral ?

4.3.2. Synthèse : la quête du héros dans le roman de formation

Synthèse

Rastignac et Julien Sorel croient qu'ils se réaliseront dans la réussite sociale. Celle-ci devient donc le but qu'ils s'assignent, l'objet de leur quête. Cette quête est bien entendu semée d'embûches : pour atteindre l'objet convoité, ils subiront des épreuves, auront à vaincre des difficultés nombreuses, dont les moindres ne sont pas leur pauvreté et l'immobilisme social de leur époque. Par contre, joueront en leur faveur des éléments non négligeables comme leurs qualités intrinsèques (jeunesse, beauté, intelligence, énergie, ambition...) et des alliés, c'est-à-dire des personnages qui les conseillent, les guident dans leur quête, leur indiquent par quels moyens ils pourront atteindre l'objet convoité.

Mme de Beauséant joue manifestement ce rôle dans l'extrait du *Père Goriot* que vous avez lu. Elle n'est toutefois pas la seule : Vautrin lui proposera une autre voie vers le succès (voir ci-dessus, p. 62, le résumé du *Père Goriot*). Voilà donc Rastignac en possession de deux plans de campagne, le second étant encore plus cynique que le premier. Le tableau de la page suivante représente les chemins qui s'offrent au héros dans sa quête.

	PAUVRETÉ	
Voie 1 (Beauséant)		Voie 2 (Vautrin)
• Séduction de Mme de Nucingen • Succès féminins • Influence auprès des hommes		• Assassinat du frère de Victorine par Vautrin • Mariage de Rastignac avec Victorine
	RICHESSE ET SUCCÈS	

Les rôles dans *Le rouge et le noir* peuvent se représenter sous la forme d'un schéma actantiel, comme ci-dessous.

DESTINATEUR (celui qui définit l'objet de la quête et en désigne le sujet)	OBJET DE LA QUÊTE	DESTINATAIRE (celui qui reçoit ou non l'objet de la quête)
Julien Sorel	La réussite sociale	Julien Sorel
ADJUVANTS (ceux qui ou ce qui facilite(nt) la quête)	HÉROS (sujet de la quête)	OPPOSANTS (ceux qui ou ce qui entrave(nt) la quête)
• Les qualités du héros (jeunesse, beauté, intelligence, énergie, ambition...) • L'amour de Mathilde de la Môle.	Julien Sorel	• La pauvreté de Julien • La société hypocrite de la Restauration • La lettre de Mme de Rênal • Le crime de Julien

Le schéma ci-dessus ne peut toutefois rendre compte de la totalité du roman de Stendhal ni du parcours complet de Julien. C'est que celui-ci se trompe sur l'objet de sa quête : il croit pouvoir se réaliser dans la réussite sociale alors qu'il découvre avant de mourir une valeur supérieure : l'amour. Si Julien rate la quête du succès, il en réussit une autre : la connaissance de lui-même, sur laquelle il pourrait fonder sa vie si celle-ci n'était terminée. Les rôles sont ainsi redistribués dans un second schéma actanciel. Construisez celui-ci.

4.4. Faisons le point

4.4.1. *L'attrape-cœurs*

Les romans de formation ont pour passage obligé la remise en question par le héros des valeurs de son milieu d'origine. Rappelons que, dans les rites d'initiation, le jeune homme ou la jeune fille doivent mourir symboliquement pour renaitre* à une autre vie, celle de l'adulte. Tel est le propos de Salinger dans *L'attrape-cœurs*.

Holden Caulfield, le héros-narrateur, est un jeune New-yorkais de seize ans. Juste avant les vacances de Noël, il est exclu du collège de Pencey, où il était interne. Avant de quitter l'école, il se souvient d'un épisode de sa vie scolaire. La scène se déroule un samedi soir. Holden sort en ville avec deux condisciples, Brossard et Ackley. Après avoir trainé* quelques heures, ils rentrent au collège et Holden se met à la rédaction d'un texte pour son copain de chambre Stradlater.

À la fin de votre lecture, vous résumerez le portrait que le narrateur dresse de deux personnages, Ackley et Allie.

Quand on est rentrés au dortoir il était seulement neuf heures moins le quart. Le gars Brossard, c'était un fana du bridge et il est allé faire un tour dans le couloir pour se chercher des partenaires. Le gars Ackley s'est établi dans ma chambre, pour changer. Mais au lieu de s'asseoir sur le bras du fauteuil de Stradlater il s'est vautré sur mon lit, la figure dans l'oreiller et tout. Il s'est mis à parler d'une voix ronronnante en pressant ses boutons. Je lui ai lancé au moins mille allusions plutôt transparentes mais sans réussir à m'en débarrasser. Il a continué à marmonner des choses sur une fille avec qui il était censé avoir fait l'amour l'été d'avant. Il m'avait déjà raconté ça mille fois. Et ça changeait à chaque fois. Ça s'était passé dans la Buick de son cousin et puis la minute suivante c'était sur la promenade d'une station balnéaire. Mais naturellement il frimait. Si quelqu'un était encore puceau c'était bien lui. Je suis même pas sûr qu'il ait jamais seulement tripoté un peu une fille. Pour finir en tout cas il a fallu que je me décide à lui dire que je devais faire la dissert' de Stradlater. S'il voulait bien vider les lieux je pourrais peut-être me concentrer. Ça a pris du temps comme d'habitude mais quand même il a fini par dégager.

Alors je me suis mis en pyjama et robe de chambre, j'ai enfoncé ma casquette sur ma tête et j'ai attaqué la foutue dissert'.

L'ennui, c'est que j'arrivais pas à penser à une pièce ou une maison à décrire comme Stradlater avait dit. Je raffole pas de décrire les pièces ou les maisons. Donc voilà ce que j'ai fait, j'ai parlé du gant de base-ball de mon frère Allie. C'était un bon sujet de description. Vraiment bon. Mon frère Allie avait un gant de base-ball pour joueur gaucher. Parce qu'Allie était gaucher. Ce qui prêtait à description c'est qu'y avait des poèmes écrits sur les doigts et partout. À l'encre verte. Mon frère les copiait sur son gant pour avoir quelque chose à lire quand il était sur le terrain et qu'il attendait que ça redémarre. Maintenant il est mort, mon frère. Il a eu une leucémie, il est mort quand on était dans le Maine, le 18 juillet 1946. Vous l'auriez aimé. Il avait deux ans de moins que moi mais il était dans les cinquante fois plus intelligent. Il était super-intelligent. Ses professeurs écrivaient tout le temps à ma mère pour lui dire quel plaisir ça leur faisait d'avoir Allie dans leur classe. Et c'était pas du baratin. Ils le pensaient pour de vrai. Non seulement Allie était le plus intelligent de la famille mais en bien des façons il était le plus chouette. Il se mettait jamais en rogne. Les rouquins on dit qu'ils se mettent en rogne facilement, mais Allie jamais. Je vais vous dire le genre de rouquin que c'était. J'ai commencé à jouer au golf quand j'avais à peine dix ans. Je me souviens d'une fois, l'année de mes douze ans, je plaçais la balle sur le tee et j'ai eu comme l'impression que si je me retournais je verrais Allie. Je me suis retourné. Et tout juste, il était là assis sur son vélo, de l'autre côté de la clôture – y avait cette clôture qui entourait le terrain – et il était là, à cent cinquante mètres de moi environ qui me regardait faire. Voilà le genre de rouquin que c'était. Bon Dieu, on a jamais vu un môme aussi chouette.

Pendant les repas ça lui arrivait de rire tellement en pensant à quelque chose qu'il en tombait presque de sa chaise. C'était l'année de mes treize ans et mes vieux allaient être forcés de me faire psychanalyser et tout parce que j'avais brisé toutes les vitres du garage. Je leur en veux pas. Je couchais dans le garage, la nuit où Allie est mort, et j'ai brisé toutes les foutues vitres à coups de poing, juste comme ça. J'ai même essayé de démolir aussi les vitres du break qu'on avait cet été-là, mais ma main était déjà cassée et tout, alors j'ai pas pu. Un truc idiot faut bien le dire, mais je savais plus trop ce que je faisais et vous, vous savez pas comment il était, Allie. J'ai encore quelquefois une douleur à la main par temps de pluie, et je peux pas serrer le poing – pas le serrer complètement – mais à part ça je m'en fiche. J'ai jamais eu l'intention d'être chirurgien, ou violoniste.

En tout cas c'est ce que j'ai décrit dans la dissert' pour Stradlater. Le gant de base-ball d'Allie. Justement je l'avais dans ma valise alors je l'ai sorti et j'ai recopié les poèmes qui étaient griffonnés dessus. Tout ce que j'ai eu à faire c'est de changer le nom d'Allie qu'aurait montré que c'était mon frère et pas le frère à Stradlater. Je peux pas dire que ça m'emballait mais j'étais incapable de penser à autre chose de descriptif. D'ailleurs j'aimais bien, comme sujet. Ça m'a pris à peu près une heure parce qu'il a fallu que je me serve de la machine à écrire pourrie de Stradlater et elle se bloquait sans arrêt. La mienne, je l'avais prêtée à un type qui logeait au bout du couloir.

J'ai fini vers les 10 heures 30. Je me sentais pas fatigué, aussi j'ai regardé un moment par la fenêtre. Il neigeait plus mais de temps en temps on entendait une voiture qu'avait des problèmes de démarrage. On entendait aussi ronfler Ackley. À travers les rideaux de la douche. Il avait de la sinusite et quand il dormait il suffoquait un brin. Ce mec, il avait tout. Sinusite, boutons, dents gâtées, mauvaise haleine, ongles pourris. On pouvait pas s'empêcher de le plaindre un peu, le pauvre con.

Jérôme David SALINGER, *L'attrape-cœurs* (1951)

1. De mémoire, résumez le portrait que le narrateur dresse d'Ackley et d'Allie.

2. Toujours de mémoire, dites si chacun des portraits est neutre ou si le narrateur prend position. Dans ce dernier cas, est-il favorable ou défavorable à chaque personnage ?

3. Étudiez le portrait d'Ackley en retournant au texte.

   - Délimitez-le dans le texte.
   - Relevez les caractéristiques physiques et psychologiques du personnage. Ces caractéristiques sont-elles exprimées explicitement ou devez-vous les inférer ?
   - Quel(s) sentiment(s) le narrateur nourrit-il envers Ackley ? Ce(s) sentiment(s) est-il (sont-ils) exprimé(s) explicitement ou devez-vous l' (les) inférer ?

4. Étudiez le portrait d'Allie en répondant aux mêmes questions que pour Ackley.

5. À travers cet extrait, le lecteur apprend aussi beaucoup de choses à propos de Holden. Construisez le portrait de celui-ci en répondant d'abord aux questions suivantes.

   - Étudiez les caractéristiques principales de son langage.
   - Qu'est-ce qu'une psychanalyse ? Pour quelle raison Holden a-t-il entrepris une psychanalyse ?
   - Pourquoi Holden ne respecte-t-il pas le sujet de la dissertation de Stradlater ?
   - Quelles qualités et/ou quels défauts attribuez-vous à Holden après lecture de cet extrait ?
   - Quel sentiment personnel éprouvez-vous envers Holden ? Vous est-il sympathique ?

6. En utilisant notamment vos réponses aux questions précédentes, rédigez un portrait de Holden.

7. Retrouvez dans cet extrait et la présentation qui en est faite certaines caractéristiques du roman de formation.

4.4.2. Retour au *Père Goriot*

À l'aide des informations dont vous disposez sur ce roman, établissez un schéma actantiel du *Père Goriot.*

FICHE 1.

COMPARER DES RÉCITS DE FICTION

1.1. L'opération mentale de comparaison

Comparer consiste à trouver des ressemblances et/ou des différences entre deux ou plusieurs objets à partir de bases de même nature.

Cette définition exige des explications, d'une part sur la notion de base de comparaison, d'autre part sur l'expression des ressemblances et/ou des différences.

1.1.1. Les bases de comparaison

Pour pratiquer une comparaison entre des objets, je dois choisir une ou plusieurs bases de comparaison, c'est-à-dire les points sur lesquels porteront les ressemblances et les différences.

Contrairement à ce que l'on prétend généralement, on peut comparer des pommes et des poires, par exemple remarquer que les unes et les autres sont des fruits à pépins, ou qu'elles se récoltent sous les mêmes climats. Par contre, ce que l'on ne peut pas faire, c'est comparer le prix des pommes avec la couleur des poires, le prix et la couleur étant des bases de comparaison différentes.

Au cours de français, il s'agit essentiellement de comparer des textes. Les bases de comparaison entre des textes sont théoriquement très nombreuses, si bien que l'on est forcément amené à opérer un choix de bases, en fonction, notamment, de l'intention que l'on poursuit en comparant et des types de textes que l'on compare.

On peut comparer des textes en vue d'informer un destinataire ou de s'informer soi-même ; dans ce cas, on tentera de rester le plus objectif possible. On peut aussi comparer en vue d'exprimer une préférence et, ce faisant, de persuader un destinataire ; dans cette perspective, on fera souvent intervenir des critères plus personnels, plus affectifs.

Le présent fascicule étant essentiellement consacré à la lecture du roman, limitons-nous à des bases pertinentes pour comparer des récits. En voici une liste, forcément incomplète.

1) Histoire

- Cadre spatio-temporel
- Héros (statut, personnalité)
- Évènements*

2) Manière de raconter l'histoire

- Focalisation
- Interventions de l'auteur
- Rapport aux personnages (accord ou désaccord)
- Ton (sérieux / amusant)

3) Époque de rédaction des textes
4) Intention dominante de l'auteur (distraire, informer, persuader)
5) Vraisemblance / invraisemblance
6) Conformisme / subversion (idées et/ou style)
7) Facteurs principaux d'intérêt (psychologie ou histoire)

1.1.2. Les ressemblances et/ou les différences

Selon les situations de comparaison auxquelles vous serez confronté(e), vous serez amené(e) à trouver uniquement les ressemblances, uniquement les différences, ou encore les deux. Pensez aux trois situations ci-dessous, relatives au cours de littérature.

Première situation

Si l'on veut mettre en évidence ce qui unifie une école littéraire comme le naturalisme, c'est-à-dire les caractéristiques qui font que plusieurs auteurs ont défendu un même projet, on cherchera uniquement les ressemblances entre des œuvres naturalistes. Si on lit un nombre assez grand d'œuvres naturalistes, on pourra conclure que les traits communs qu'on y a relevés constituent des principes du naturalisme. Ce faisant, on a pratiqué l'opération d'<u>induction</u>. L'induction consiste donc à tirer des caractéristiques générales d'un groupe d'objets grâce à un travail de comparaison entre plusieurs de ces objets.[1]

Cette opération d'induction ne s'applique évidemment pas seulement aux écoles, mouvements littéraires ou courants d'idées, mais aussi, par exemple, à un auteur. Si l'on souhaite connaitre* les particularités d'un écrivain, autrement dit ce qui le distingue des autres, on pratiquera l'induction en relevant des caractéristiques communes à plusieurs de ses œuvres.

Exercice 1

Voici les premières lignes de deux nouvelles de Maupassant. Relevez un maximum de ressemblances entre ces deux extraits. Vous découvrirez ainsi une ou plusieurs caractéristiques de l'œuvre de Maupassant. Vous vous garderez pourtant d'en conclure que toutes les nouvelles de cet auteur possèdent ces caractéristiques. Ce serait une généralisation abusive.

---

1 Attention aux généralisations hâtives ! On ne peut rien conclure à propos des caractéristiques communes à une classe d'objets si l'on n'a pas pratiqué une comparaison entre un nombre important d'objets de cette classe.

L'aveu

Le soleil de midi tombe en large pluie sur les champs. Ils s'étendent, onduleux, entre les bouquets d'arbres des fermes, et les récoltes diverses, les seigles mûrs et les blés jaunissants, les avoines d'un vert clair, les trèfles d'un vert sombre, étalent un grand manteau rayé, remuant et doux sur le ventre nu de la terre.

Là-bas, au sommet d'une ondulation, en rangée comme des soldats, une interminable ligne de vaches, les unes couchées, les autres debout, clignant leurs yeux sous l'ardente lumière, ruminent et pâturent un trèfle aussi vaste qu'un lac.

Et deux femmes, la mère et la fille, vont, d'une allure balancée l'une devant l'autre, par un étroit sentier creusé dans les récoltes, vers ce régiment de bêtes.

Elles portent chacune deux seaux de zinc maintenus loin du corps par un cerceau de barrique ; et le métal, à chaque pas qu'elles font, jette une flamme éblouissante et blanche sous le soleil qui le frappe.

Elles ne parlent point. Elles vont traire les vaches. Elles arrivent, posent à terre un seau, et s'approchent des deux premières bêtes, qu'elles font lever d'un coup de sabot dans les côtés. L'animal se dresse, lentement d'abord sur ses jambes de devant, puis soulève avec plus de peine sa large croupe, qui semble alourdie par l'énorme mamelle de chair blonde et pendante.

Et les deux Malivoire, mère et fille, à genoux sous le ventre de la vache, tirent par un vif mouvement des mains sur le pis gonflé, qui jette, à chaque pression, un mince fil de lait dans le seau. La mousse un peu jaune monte aux bords et les femmes vont de bête en bête jusqu'au bout de la longue file.

Dès qu'elles ont fini d'en traire une, elles la déplacent, lui donnant à pâturer un bout de verdure intacte.

Puis elles repartent, plus lentement, alourdies par la charge du lait, la mère devant, la fille derrière.

Guy de MAUPASSANT, *Boule de suif* (1880)

Aux champs

À Octave Mirbeau.

Les deux chaumières étaient côte à côte, au pied d'une colline, proches d'une petite ville de bains. Les deux paysans besognaient dur sur la terre inféconde pour élever tous leurs petits. Chaque ménage en avait quatre.

Devant les deux portes voisines, toute la marmaille grouillait du matin au soir. Les deux aînés avaient six ans et les deux cadets quinze mois environ ; les mariages et, ensuite les naissances, s'étaient produits à peu près simultanément dans l'une et l'autre maison.

Les deux mères distinguaient à peine leurs produits dans le tas, et les deux pères confondaient tout à fait. Les huit noms dansaient dans leur tête, se mêlaient sans cesse ; et, quand il fallait en appeler un, les hommes souvent en criaient trois avant d'arriver au véritable.

La première des deux demeures, en venant de la station d'eaux de Rolleport, était occupée par les Tuvache, qui avaient trois filles et un garçon ; l'autre masure abritait les Vallin, qui avaient une fille et trois garçons.

Tout cela vivait péniblement de soupe, de pommes de terre et de grand air. À sept heures, le matin, puis à midi, puis à six heures, le soir, les ménagères réunissaient leurs mioches pour donner la pâtée, comme des gardeurs d'oies assemblent leurs bêtes. Les enfants étaient assis, par rang d'âge, devant la table en bois, vernie par cinquante ans d'usage. Le dernier avait à peine la bouche au niveau de la planche. On posait devant eux l'assiette creuse pleine de pain molli dans l'eau où avaient cuit les pommes de terre, un demi-chou et trois oignons ; et toute la lignée mangeait jusqu'à plus faim. La mère empâtait elle-même le petit. Un peu de viande au pot-au-feu, le dimanche, était une fête pour tous ; et le père, ce jour-là, s'attardait au repas en répétant : " Je m'y ferais bien tous les jours. "

Guy de MAUPASSANT, *Les contes de la bécasse* (1883)

Pour étudier la littérature, vous êtes donc amené(e) à induire. Vous devez aussi pratiquer régulièrement une autre opération, la <u>déduction</u>. Déduire consiste à juger si un objet nouveau est bien un exemple particulier d'un principe général connu. Cette opération exige une comparaison entre les caractéristiques du principe général et celles de l'objet nouveau.

Exercice 2

Vous connaissez, pour les avoir étudiées, les grandes caractéristiques de la littérature réaliste (cf. les synthèses des pages 20 et 43-44). Diriez-vous de l'extrait d'œuvre suivant qu'il est réaliste dans tous les sens de ce terme ? Quelle que soit votre réponse, justifiez-la soigneusement par recours au texte.

Je suis née des Allocations et d'un jour férié dont la matinée s'étirait, bienheureuse, au son de "je t'aime Tu m'aimes" joué à la trompette douce. C'était le début de l'hiver, il faisait bon dans le lit, rien ne pressait.

À la mi-juillet, mes parents se présentèrent à l'hôpital. Ma mère avait les douleurs. On l'examina, et on lui dit que ce n'était pas encore le moment. Ma mère insista qu'elle avait les douleurs. Il s'en fallait de quinze bons jours, dit l'infirmière ; qu'elle resserre sa gaine.

Mais est-ce qu'on ne pourrait pas déclarer tout de même la naissance maintenant ? demanda mon père. Et on déclarerait quoi ? dit l'infirmière : une fille, un garçon, ou un veau ? Nous fûmes renvoyés sèchement.

Zut dit mon père c'est pas de veine, à quinze jours on loupe la prime. Il regarda le ventre de sa femme avec rancœur. On n'y pouvait rien.

On rentra en métro. Il y avait des bals, mais on ne pouvait pas danser.

Je naquis le 2 août. C'était ma date correcte, puisque je résultais du pont de la Toussaint. Mais l'impression demeura, que j'étais lambine. En plus j'avais fait louper les vacances, en retenant mes parents à Paris pendant la fermeture de l'usine. Je ne faisais pas les choses comme il faut.

Christiane ROCHEFORT, *Les petits enfants du siècle* (1961)

Deuxième situation

Si l'on veut mettre en évidence la rupture entre deux écoles littéraires, on cherchera uniquement les différences entre des œuvres appartenant respectivement à l'école 1 et à l'école 2, par exemple à l'école romantique et à l'école réaliste. Si l'on effectue la comparaison entre un grand nombre d'œuvres, on pourra conclure que les différences relevées constituent le motif de la rupture.

La même opération s'applique aussi, par exemple, à deux auteurs dont on veut souligner l'opposition sur un sujet donné, ou encore au début et à la fin d'un récit. La comparaison entre la situation initiale et la situation finale d'une même œuvre permet, entre autres choses, de mesurer le chemin parcouru par le héros, mais aussi la portée idéologique de l'œuvre.

Exercice 3

1. Voici les première et dernière pages de *Germinal* de Zola. Répondez d'abord aux questions suivantes.
   - En quel mois chaque épisode se déroule-t-il ? Quelles caractéristiques de ces deux mois l'auteur-narrateur souligne-t-il ?
   - À quel moment de la journée chaque épisode se déroule-t-il ? Quelles caractéristiques de ces deux moments l'auteur-narrateur souligne-t-il ?
   - Quel semble être l'état d'esprit d'Étienne dans chaque épisode ?

2. Construisez ensuite un tableau comparatif dans lequel vous inscrirez les informations que vous venez de découvrir.

3. Posez enfin une hypothèse sur le sens du récit en répondant aux deux questions suivantes.
   - Dans les trois dernières lignes du second épisode, plusieurs termes du même champ lexical sont utilisés dans un sens figuré. Quels sont ces termes ? Quel est ce champ lexical ? Selon vous, pour quelle raison l'auteur-narrateur recourt-il ici à ce champ lexical ?
   - La fin vous semble-t-elle plus optimiste ou plus pessimiste que le début ?

Première page

Dans la plaine rase, sous la nuit sans étoiles, d'une obscurité et d'une épaisseur d'encre, un homme suivait seul la grande route de Marchiennes à Montsou, dix kilomètres de pavé coupant tout droit, à travers les champs de betteraves. Devant lui, il ne voyait même pas le sol noir, et il n'avait la sensation de l'immense horizon plat que par les souffles du vent de mars, des rafales larges comme sur une mer, glacées d'avoir balayé des lieues de marais et de terres nues. Aucune ombre d'arbre ne tachait le ciel, le pavé se déroulait avec la rectitude d'une jetée, au milieu de l'embrun aveuglant des ténèbres.

L'homme était parti de Marchiennes vers deux heures. Il marchait d'un pas allongé, grelottant sous le coton aminci de sa veste et de son pantalon de velours. Un petit paquet, noué dans un mouchoir à carreaux, le gênait beaucoup ; et il le serrait contre ses flancs, tantôt d'un coude, tantôt de l'autre, pour glisser au fond de ses poches les deux mains à la fois, des mains gourdes que les lanières du vent d'est faisaient saigner. Une seule idée occupait sa tête vide d'ouvrier sans travail et sans gîte, l'espoir que le froid serait moins vif après le lever du jour. Depuis une heure, il avançait ainsi, lorsque sur la gauche, à deux kilomètres de Montsou, il aperçut des feux rouges, trois brasiers brûlant en plein air, et comme suspendus. D'abord, il hésita, pris de crainte ; puis, il ne put résister au besoin douloureux de se chauffer un instant les mains.

Émile ZOLA, *Germinal* (1885)

Dernière page

Mais Étienne, quittant le chemin de Vandame, débouchait sur le pavé. À droite, il apercevait Montsou qui dévalait et se perdait. En face, il avait les décombres du Voreux, le trou maudit que trois pompes épuisaient sans relâche. Puis, c'étaient les autres fosses à l'horizon, la Victoire, Saint-Thomas, Feutry-Cantel, tandis que, vers le nord, les tours élevées des hauts fourneaux et les batteries des fours à coke fumaient dans l'air transparent du matin. S'il voulait ne pas manquer le train de huit heures, il devait se hâter, car il avait encore six kilomètres à faire.

Et, sous ses pieds, les coups profonds, les coups obstinés des rivelaines continuaient. Les camarades étaient tous là, il les entendait le suivre à chaque enjambée. N'était-ce pas la Maheude, sous cette pièce de betteraves, l'échine cassée, dont le souffle montait si rauque, accompagné par le ronflement du ventilateur ? À gauche, à droite, plus loin, il croyait en reconnaître d'autres, sous les blés, les haies vives, les jeunes arbres. Maintenant, en plein ciel, le soleil d'avril rayonnait dans sa gloire, échauffant la terre qui enfantait. Du flanc nourricier jaillissait la vie, les bourgeons crevaient en feuilles vertes, les champs tressaillaient de la poussée des herbes. De toutes parts, des graines se gonflaient, s'allongeaient, gerçaient la plaine, travaillées d'un besoin de chaleur et de lumière. Un débordement de sève coulait avec des voix chuchotantes, le bruit des germes s'épandait en un grand baiser. Encore, encore, de plus en plus distinctement, comme s'ils se fussent rapprochés du sol, les camarades tapaient. Aux rayons enflammés de l'astre, par cette matinée de jeunesse, c'était de cette rumeur que la campagne était grosse. Des hommes poussaient une armée noire, vengeresse, qui germait lentement dans les sillons, grandissant pour les récoltes du siècle futur, et dont la germination allait faire bientôt éclater la terre.

Émile ZOLA, *Germinal* (1885)

Troisième situation

Si, par exemple, on analyse deux œuvres de la même époque traitant des mêmes évènements*, on sera amené à trouver entre elles des ressemblances et des différences.

Exercice 4

Voici deux fragments de romans parus entre les deux guerres et traitant du même sujet : la guerre de 14-18. Comparez-les en prenant également en compte l'introduction aux textes. Présentez cette comparaison dans un tableau. La base de comparaison sera la suivante : la conception de la guerre et du patriotisme que défend chaque narrateur.

Le premier est extrait de *Voyage au bout de la nuit,* roman publié en 1932 par Louis-Ferdinand Céline.

Ferdinand Bardamu, le héros-narrateur, est plongé bien malgré lui, comme des millions d'autres jeunes hommes, dans la guerre de 14. Pris dans l'horreur sanglante des combats, coincé entre le feu de l'ennemi et la rage patriotique des officiers, il décide de suivre l'exemple d'un soldat plus âgé que lui, Robinson. Celui-ci a pour but de se faire prendre par les Allemands : mieux vaut être prisonnier de guerre que mort ! Bardamu l'imite, estimant que " l'âge c'est quelque chose pour les idées. Ça rend pratique. " Leur plan échoue toutefois. Lors d'une permission à Paris, il rencontre Lola, une jeune Américaine, auxiliaire de la Croix-Rouge venue soutenir la France dans son combat. Pour la séduire et la conserver, Bardamu ne lui dit rien de ses envies de désertion. Un jour, il fait un scandale dans un restaurant et on le considère comme fou. Il se retrouve donc à l'hôpital, en compagnie de déserteurs, de tire-au-flanc et de simulateurs de toutes sortes.

Où nous nous trouvions, à l'enseigne où tous nous étions logés, il ne pouvait exister ni amitié, ni confiance. Chacun laissant seulement entendre ce qu'il croyait être favorable à sa peau, puisque tout ou presque allait être répété par les mouchards à l'affût.

De temps en temps, l'un d'entre nous disparaissait, c'est que son affaire était constituée, qu'elle se terminerait au Conseil de guerre, à Biribi ou au front, et pour les mieux servis à l'Asile de Clamart.

D'autres guerriers douteux arrivaient encore, toujours, de toutes les armes, des très jeunes et des presque vieux, avec la frousse ou bien crâneurs ; leurs femmes et leurs parents leur rendaient visite, leurs petits aussi, yeux écarquillés, le jeudi.

Tout ce monde pleurait d'abondance, dans le parloir, sur le soir surtout. L'impuissance du monde dans la guerre venait pleurer là, quand les femmes et les petits s'en allaient, par le couloir blafard de gaz, visites finies en traînant les pieds. Un grand troupeau de pleurnicheurs ils formaient, rien que ça, dégoûtants.

Pour Lola, venir me voir dans cette sorte de prison, c'était encore une aventure. Nous deux, nous ne pleurions pas. Nous n'avions nulle part, nous, où prendre des larmes.

- Est-ce vrai que vous soyez réellement devenu fou, Ferdinand ? me demande-t-elle un jeudi.

- Je le suis, avouai-ie.

- Alors, ils vont vous soigner ici ?

- On ne soigne pas la peur, Lola.

- Vous avez donc peur tant que ça ?

- Et plus que ça encore, Lola, si peur, voyez-vous que si je meurs de ma mort à moi, plus tard, je ne veux surtout pas qu'on me brûle ! Je voudrais qu'on me laisse en terre, pourrir au cimetière, tranquillement, là, prêt à revivre peut-être... Sait-on jamais ! Tandis que si on me brûlait en cendres, Lola, comprenez-vous, ça serait fini, bien fini... Un squelette, malgré tout, ça ressemble encore un peu à un homme... C'est toujours plus prêt à revivre que des cendres... Des cendres c'est fini !... Qu'en dites-vous ?... Alors, n'est-ce pas, la guerre...

- Oh ! Vous êtes donc tout à fait lâche, Ferdinand ! Vous êtes répugnant comme un rat...

- Oui, tout à fait lâche, Lola, je refuse la guerre et tout ce qu'il y a dedans... Je ne la déplore pas moi... Je ne me résigne pas moi. Je ne pleurniche pas dessus moi... Je la refuse tout net, avec tous les hommes qu'elle contient, je ne veux rien avoir à faire avec eux, avec elle. Seraient-ils neuf cent quatre-vingt-quinze millions et moi tout seul, c'est eux qui ont tort Lola, et c'est moi qui ai raison, parce que je suis le seul à savoir ce que je veux : je ne veux plus mourir.

- Mais c'est impossible de refuser la guerre, Ferdinand ! Il n'y a que les fous et les lâches qui refusent la guerre quand leur Patrie est en danger...

- Alors vivent les fous et les lâches ! Ou plutôt survivent les fous et les lâches ! Vous souvenez-vous d'un seul nom par exemple, Lola, d'un de ces soldats tués pendant la guerre de Cent ans ?... Avez-vous jamais cherché à en connaître un seul de ces noms ?... Non, n'est-ce pas ?... Vous n'avez jamais cherché ? Ils vous sont aussi anonymes, indifférents et plus inconnus que le dernier atome de ce presse-papiers devant nous, que votre crotte du matin... Voyez donc bien qu'ils sont morts pour rien, Lola ! Pour absolument rien du tout, ces crétins ! Je vous l'affirme ! La preuve est faite ! Il n'y a que la vie qui compte. Dans dix mille ans d'ici, je vous fais le pari que cette guerre, si remarquable qu'elle nous paraisse à présent, sera complètement oubliée... À peine si une douzaine d'érudits se chamailleront encore par-ci, par-là, à son occasion et à propos des dates des principales hécatombes dont elle fut illustrée... C'est tout ce que les hommes ont réussi jusqu'ici à trouver de mémorable au sujet les uns des autres à quelques siècles, à quelques années et même à quelques heures de distance. Je ne crois pas à l'avenir, Lola...

Lorsqu'elle découvrit à quel point j'étais devenu fanfaron de mon honteux état, elle cessa de me trouver pitoyable le moins du monde... Méprisable elle me jugea, définitivement.

Elle résolut de me quitter sur-le-champ. C'en était trop. En la reconduisant jusqu'au portillon de notre hospice ce soir-là, elle ne m'embrassa pas.

Décidément, il lui était impossible d'admettre qu'un condamné à mort n'ait pas en même temps reçu la vocation. Quand je lui demandai des nouvelles de nos crêpes, elle ne me répondit pas non plus.

Louis-Ferdinand CÉLINE, *Voyage au bout de la nuit* (1932)

Le roman de l'Allemand Erich Maria Remarque raconte la guerre 14-18 d'un jeune soldat de 19 ans (allemand, lui aussi), Paul Bäumer. Celui-ci, le héros-narrateur, se retrouve au front en compagnie de trois condisciples, comme lui engagés volontaires. Il raconte ici les conditions de son engagement.

Kantorek était notre professeur : un petit homme sévère vêtu d'un habit gris à basques, avec une tête de musaraigne. Il avait à peu près la même taille que le caporal Himmelstoss, "la terreur du Klosterberg". Il est, d'ailleurs, comique que le malheur du monde vienne si souvent de gens de petite taille. Ils sont beaucoup plus énergiques et insupportables que les personnes de haute stature. Je me suis toujours efforcé de ne pas faire partie de détachements commandés par des chefs de petite taille, ce sont, le plus souvent, de maudites rosses.

Kantorek, pendant les leçons de gymnastique, nous fit des discours jusqu'à ce que notre classe tout entière se rendît, en rang, sous sa conduite, au bureau de recrutement, pour demander à s'engager. Je le vois encore devant moi, avec ses lunettes qui jetaient des étincelles, tandis qu'il nous regardait et il disait d'une voix pathétique :

"Vous y allez tous, n'est-ce pas, camarades ?"

Ces éducateurs-là ont presque toujours leur pathétique prêt dans la poche de leur gilet ; il est vrai qu'ils le distribuent à toute heure, sous forme de leçons. Mais alors nous ne pensions pas encore à cela.

Toutefois, l'un d'entre nous hésitait et ne voulait pas marcher. C'était Joseh Behm, un gros gaillard jovial. Mais il finit par se laisser persuader. Il faut ajouter qu'autrement il se serait rendu impossible. Peut-être que d'autres encore pensaient tout comme lui ; mais personne ne pouvait facilement s'abstenir, car, en ce temps-là, même père et mère nous jetaient vite à la figure le mot de "lâche". C'est qu'alors tous ces gens-là n'avaient aucune idée de ce qui allait se passer. À proprement parler, les plus raisonnables, c'étaient les gens simples et pauvres ; dès le début, ils considérèrent la guerre comme un malheur, tandis que la bonne bourgeoisie ne se tenait pas de joie, quoique ce fût elle, justement, qui eût plutôt pu se rendre compte des conséquences.

Katczinsky prétend que c'est la faute à l'instruction, laquelle nous rend bêtes, et ce que dit Kat, il ne le dit pas sans y avoir bien réfléchi.

Chose curieuse, Behm fut un des premiers qui tombèrent. Lors d'une attaque il reçut un coup de feu dans les yeux et nous le laissâmes pour mort sur le terrain. Nous ne pûmes pas l'emporter avec nous, parce que nous fûmes obligés de reculer précipitamment. L'après-midi, nous l'entendîmes tout à coup appeler et nous le vîmes qui essayait de ramper en avant des tranchées. Il ne s'était qu'évanoui. Mais, comme il ne voyait plus et que ses souffrances le rendaient fou, il négligea de s'abriter, de sorte qu'il fut tué, avant que quelqu'un eût pu s'approcher pour le ramener.

Naturellement, on ne peut pas rendre Kantorek responsable de la chose, autrement que deviendrait le monde si l'on voyait là une culpabilité ? Il y a eu des milliers de Kantorek, qui, tous, étaient convaincus d'agir pour le mieux, – d'une manière commode pour eux.

Mais c'est précisément pour cela que, à nos yeux, ils ont fait faillite.

Ils auraient dû être pour nos dix-huit ans des médiateurs et des guides nous conduisant à la maturité, nous ouvrant le monde du travail, du devoir, de la culture et du progrès, – préparant l'avenir. Parfois nous nous moquions d'eux et nous leurs jouions de petites niches, mais au fond nous avions foi en eux. La notion d'une autorité, dont ils étaient les représentants, comportait, à nos yeux, une perspicacité plus grande et un savoir plus humain. Or, le premier mort que nous vîmes anéantit cette croyance. Nous dûmes reconnaître que notre âge était plus honnête que le leur. Ils ne l'emportaient sur nous que par la phrase et l'habileté. Le premier bombardement nous montra notre erreur et fit écrouler la conception des choses qu'ils nous avaient inculquée.

Ils écrivaient, ils parlaient encore, et nous, nous voyions des ambulances et des mourants ; tandis que servir l'État était pour eux la valeur suprême, nous savions déjà que la peur de la mort est plus forte. Malgré cela, nous ne devînmes ni émeutiers, ni déserteurs, ni lâches (tous ces mots-là leur venaient si vite à la bouche !) ; nous aimions notre patrie tout autant qu'eux et lors de chaque attaque nous allions courageusement de l'avant ; mais déjà nous avions appris à faire des distinctions, nous avions tout d'un coup commencé de voir et nous voyions que de leur univers rien ne restait debout. Nous nous trouvâmes soudain épouvantablement seuls, – et c'est tout seuls qu'il nous fallait nous tirer d'affaire.

Erich Maria REMARQUE, À *l'Ouest rien de nouveau* (1928)

1.2. L'expression d'une comparaison

Comparer signifie donc trouver des ressemblances et/ou des différences entre deux ou plusieurs objets à partir de bases de même nature. Mais il ne suffit bien sûr pas de les trouver ; encore faut-il les exprimer le plus clairement possible à l'intention d'un destinataire. Parfois, un tableau comparatif en trois colonnes peut suffire ; mais on exigera aussi de vous un texte comparatif, et cet exercice est plus complexe.

1. Présenterez-vous d'abord les ressemblances et ensuite les différences, ou ferez-vous le contraire ? Réfléchissez bien à l'effet que vous voulez produire.
2. Dans quel ordre présenterez-vous les ressemblances ? Et les différences ?
3. Combien de paragraphes rédigerez-vous ?
4. De quelle(s) manière(s) lierez-vous votre texte ? Rédigerez-vous une introduction et/ou une conclusion ? Quels connecteurs utiliserez-vous ? Pour varier ceux-ci, consultez la liste de connecteurs de comparaison ci-dessous.

Prépositions

Ainsi que – à la différence de – à l'encontre de – à l'exemple de – à l'instar de – à l'inverse de – à l'opposé de – comme – conformément à – contrairement à – contre – en accord avec – en comparaison de – en conformité avec.

Conjonctions

Ainsi que – alors que – de même que – mais – or – tandis que.

Adverbes

A contrario – à l'inverse – à l'opposé – au contraire – cependant – de même – en contrepartie – en revanche – inversement – parallèlement – pourtant.

Lorsque vous avez fini d'écrire, relisez votre texte et corrigez-le en tenant compte des questions suivantes.

1. Votre intention d'informer votre lecteur ou de lui faire part de votre préférence est-elle claire pour lui ?
2. Toutes les ressemblances et les différences listées dans le tableau comparatif se retrouvent-elles dans votre texte ?
3. Celui-ci est-il clairement ordonné ?
4. Votre division en paragraphes est-elle pertinente ?
5. Vos connecteurs sont-ils suffisamment nombreux ? Sont-ils bien choisis ? Sont-ils assez variés ?

FICHE 2.

INFÉRER DES INFORMATIONS D'UN RÉCIT DE FICTION

2.1. Mise au point théorique

Une des manières les plus agréables de visiter Bruges consiste à emprunter de petits bateaux plats qui sillonnent les canaux. Des guides-pilotes commentent les beautés de la ville pour les touristes. Voici un bref extrait d'un commentaire : "Bruges ne compte pas moins de dix-sept églises : nous sommes un peuple très religieux. Nous avons aussi quatre-cent-vingt* cafés..." Et le guide laisse sa phrase en suspens, s'attendant manifestement à ce que les touristes concluent par eux-mêmes. Il semble produire l'effet recherché puisque la plupart des passagers sourient. Mais qu'a-t-il voulu leur dire ? Et qu'ont-ils conclu ? Ont-ils tous conclu la même chose ? Ces questions resteront sans réponse, car le bateau progresse et le guide passe à autre chose en faisant remarquer les particularités d'un pont.

Analysons le petit énoncé du guide. De l'information "Bruges ne compte pas moins de dix-sept églises" l'émetteur tire une autre : "nous sommes un peuple très religieux". Ces deux informations ne sont pas exactement du même ordre : la première ne peut être discutée, puisqu'elle résulte d'un simple comptage ; la seconde est plus sujette à caution : les églises de Bruges sont anciennes, et on peut très bien penser que la foi religieuse des Brugeois n'est plus aussi vive aujourd'hui que jadis. Le destinataire a un accès direct aux premières ; il doit par contre inférer les secondes, c'est-à-dire les exprimer personnellement à l'issue d'un raisonnement. L'exemple cité montre que cette opération est assez risquée, qu'on ne peut jamais être certain à 100% de sa validité. "Nous avons aussi quatre-cent-vingt* cafés..." est une information vraie, à moins que le nombre avancé ne résulte d'une erreur grossière de comptage ou d'une volonté du guide de dissimuler la réalité. De cette information, il n'infère rien et laisse ce soin à ses passagers. Que se passe-t-il dans leur tête ? Sans doute à peu près ceci : "Pourquoi nous dit-il que Bruges compte quatre-cent-vingt* cafés après nous avoir parlé des églises ? Peut-être veut-il nous suggérer qu'il faut nuancer l'information qui précède. Les Brugeois ne seraient pas aussi croyants qu'on veut bien le dire. Ou bien leur foi religieuse s'accommode de quelques écarts. Ou encore..."

Quittons Bruges pour faire le point. Parmi les informations que nous transmettons, oralement ou par écrit, à un destinataire, il en est de deux types : les unes sont dites ou écrites clairement, on les appelle "informations explicites" ; les autres sont seulement suggérées, ce sont des "informations implicites". Dans la langue courante, on appelle cette opération *lire en filigrane* ou *lire entre les lignes*. Un texte est en quelque sorte comparable à un iceberg : ce qui se voit n'est pas la totalité. Toutefois, comparaison n'est pas raison : tout iceberg possède les mêmes proportions de volume émergé et de glaces immergées ; d'un texte à l'autre, la proportion d'informations immergées (implicites) diffère.

Exercice 1

Quel pourrait être l'implicite de chacun des énoncés suivants ? Quelle inférence pourrait faire un interlocuteur ? Après avoir répondu, écoutez les réponses de vos condisciples. Vous verrez ainsi si certains énoncés suscitent plusieurs interprétations et vous jugerez du degré de certitude de votre inférence.

1) Tu es bien élégante aujourd'hui !
2) Je croyais que vous n'arriveriez jamais !
3) Jérôme, lui, m'aurait comprise !
4) Tu devrais prendre une douche !
5) Et dire que les vacances, c'est dans deux mois !

2.2. Pourquoi recourir à l'implicite

L'émetteur qui explicite chaque information aura plus de chances d'être compris par le récepteur que celui qui recourt à l'implicite et qui compte sur son interlocuteur pour faire une partie du chemin. On est donc en droit de se demander pourquoi certains émetteurs prennent le risque de ne pas être (tout à fait) compris. On peut avancer deux raisons essentielles.

2.2.1. Pour se protéger

Parler ou écrire explicitement peut s'avérer dangereux pour l'émetteur : quelqu'un pourrait lui en vouloir d'avoir dit ou écrit telle chose et lui faire payer plus ou moins cher son audace. Pour se protéger, il vaut donc mieux parfois dire ou écrire les choses de manière implicite. Et si le récepteur est fâché, choqué, attristé, on pourra toujours prétendre qu'il a mal compris, qu'on n'a pas voulu dire ou écrire ce qu'il a compris. L'extrait de conversation qui suit illustre ce cas de figure.

- Tu devrais prendre une douche !
- Je pue, c'est ça ?
- Mais non ! Tu as l'air fatigué et je pense qu'une douche te détendrait.
- Tu veux dire que je suis agressif ?
- Non plus ! Quand j'ai passé une journée comme la tienne, moi aussi je prends une douche !

Perdre la face n'est agréable pour personne, mais perdre sa liberté ou même sa vie est encore bien plus grave. Il existait, et il existe encore, des sociétés où un intellectuel ou un écrivain ne peuvent s'exprimer explicitement sous peine d'être censurés, emprisonnés, voire condamnés à mort. Il recourent donc à l'implicite pour se protéger des réactions d'un pouvoir tyrannique. Ils dansent pourtant sur le fil du rasoir : les indices dont ils parsèment leurs textes doivent être suffisamment clairs pour être décodés, mais aussi suffisamment ambigus pour passer le cap de la censure. La déclaration suivante de Carlos Saura, cinéaste espagnol exerçant son art sous la dictature franquiste (1938-1975), est éclairante à ce propos : " Plus d'une fois j'ai essayé d'analyser pourquoi je faisais mes œuvres d'une certaine manière. Je me disais : en Espagne, la plupart des écrivains ont été obligés de raconter les choses indirectement. Pourquoi ? Parce que s'ils le faisaient de façon directe, ils se retrouvaient en prison. " (cité par Kerbrat-Orecchioni, C., *L'implicite,* Paris, A. Colin, 1986, p. 278).

2.2.2. Pour collaborer avec le destinataire

Dans la communication écrite ou orale, l'émetteur éprouve parfois du plaisir à se faire comprendre à demi-mots ; et le récepteur se réjouit de résoudre l'énigme que constitue la formulation indirecte. Ce jeu de collaboration n'est possible qu'à la condition que l'émetteur et le récepteur partagent un certain nombre de connaissances, aient une culture commune.

Exercice 2

Parmi les informations qu'un romancier laisse souvent inférer au lecteur, il y a le caractère des personnages. Le narrateur décrit les gestes et les actions et rapporte les paroles et les pensées de ceux-ci. Le lecteur est amené à inférer de ces informations des caractéristiques intellectuelles, psychologiques ou morales. La compétence à inférer un caractère est particulièrement utile dans les débuts de romans, lorsque le lecteur doit se construire une représentation mentale de tel personnage.

Texte 1

J'ai bien aimé la cour d'Assises. Il y faisait plus chaud qu'en cellule. Les jurés s'efforçaient d'oublier la neige qui tombait pour s'intéresser à mes petites histoires de bachelier capricieux. Les bras croisés comme de bons élèves, ils m'ont condamné à cinq ans de prison, ce qui était juste. Je vais d'ailleurs sortir après seulement trois années de peine. J'aurai moins de vingt-trois ans, l'âge des étudiants et des fiancés. Ce n'est pas un drame ; une longue maladie, tout au plus, et dont je suis guéri.

Bertrand POIROT-DELPECH, *Le grand dadais* (1958)

Les six questions qui suivent portent sur le paragraphe que vous avez lu. Répondez-y, puis classez-les en trois catégories :

- Celle(s) qui n'exige(nt) que le repérage d'une information dans le texte.
- Celle(s) qui exige(nt) de vous une inférence.
- Celle(s) pour laquelle (lesquelles) vous en êtes réduit(e) à de pures hypothèses.

1. Tracez le portrait psychologique du narrateur.
2. Le narrateur est-il d'accord avec la décision de justice qui le concerne ?
3. Quel acte vaut au narrateur d'être traduit en justice ?
4. Quel âge a le narrateur ?
5. Le narrateur comparait*-il en justice pour un délit ou pour un crime ?
6. Le narrateur considère-t-il sa condamnation comme une catastrophe ?

Texte 2

Un jour mon père nous a dit :

"Au revoir les enfants, portez-vous bien et à dans trois semaines !"

J'avais onze ans et maintenant j'en ai treize. Vince n'est pas encore revenu.

Mon père, il était grand, fort et très viril, très macho argentin quoi ! Et quand il m'a soulevé dans ses bras pour m'embrasser sur le nez, façon esquimau, car entre lui et moi "s'embrasser à l'esquimau brûlant" c'était un jeu de tendresse, j'ai tout de suite senti qu'il avait pris des vitamines et que donc il était déjà dans la haute montagne.

Mon père, il s'appelait Vincent mais tout le monde disait "Vince" à cause du sang et de chiffres qu'il n'aimait pas.

Ses enfants : c'étaient ma mère Nora, et moi-même Alex. Chaque fois qu'il partait marcher dans le monde sous-développé il prenait ses distances avec ma mère en l'appelant "son enfant". C'était une manière de lui faire oublier que c'était le mari qui s'en allait, parce qu'un mari qui abandonne sa femme pour son plaisir, c'est moins moral qu'un père qui s'en irait tout là-bas au bout du monde sous prétexte d'y découvrir l'inspiration puisque, faut le dire, c'est vraiment son inspiration à lui qui nourrit toute la famille.

Jacques LANZMANN, *La baleine blanche* (1982)

1. Tracez le portrait psychologique de Vince.
2. Quels sentiments le narrateur éprouve-t-il à l'égard de son père ?

Texte 3

La première chose que je peux vous dire c'est qu'on habitait au sixième à pied et que pour Madame Rosa, avec tous ces kilos qu'elle portait sur elle et seulement deux jambes, c'était une vraie source de vie quotidienne, avec tous les soucis et les peines. Elle nous le rappelait chaque fois qu'elle ne se plaignait pas d'autre part, car elle était également juive. Sa santé n'était pas bonne non plus et je peux vous dire aussi dès le début que c'était une femme qui aurait mérité un ascenseur.

Je devais avoir trois ans quand j'ai vu Madame Rosa pour la première fois. Avant, on n'a pas de mémoire et on vit dans l'ignorance. J'ai cessé d'ignorer à l'âge de trois ou quatre ans et parfois ça me manque.

Il y avait beaucoup d'autres Juifs, Arabes et Noirs à Belleville, mais Madame Rosa était obligée de grimper les six étages seule. Elle disait qu'un jour elle allait mourir dans l'escalier, et tous les mômes se mettaient à pleurer parce que c'est ce qu'on fait toujours quand quelqu'un meurt.

Émile AJAR, *La vie devant soi* (1975)

1. Tracez le portrait le plus complet possible du narrateur.
2. Caractérisez le milieu où il vit.

Texte 4

Une fois qu'on y est, on y est bien. Ils nous firent monter à cheval et puis au bout de deux mois qu'on était là-dessus, remis à pied. Peut-être à cause que ça coûtait trop cher. Enfin, un matin, le colonel cherchait sa monture, son ordonnance était parti avec, on ne savait où, dans un petit endroit sans doute où les balles passaient moins facilement qu'au milieu de la route, moi tenant son registre où il inscrivait des ordres.

Tout au loin sur la chaussée, aussi loin qu'on pouvait voir, il y avait deux points noirs, au milieu, comme nous, mais c'était deux Allemands bien occupés à tirer depuis un bon quart d'heure.

Lui, notre colonel, savait peut-être pourquoi ces deux gens-là tiraient, les Allemands aussi peut-être qu'ils savaient, mais moi, vraiment je savais pas. Aussi loin que je cherchais dans ma mémoire, je ne leur avais rien fait aux Allemands. J'avais toujours été bien aimable et bien poli avec eux.

Louis-Ferdinand CÉLINE, *Voyage au bout de la nuit* (1932)

1. Déterminez le plus précisément l'époque où ont lieu les évènements* racontés.
2. Tracez le portrait le plus complet possible du narrateur. Fondez votre réponse sur les informations qu'il fournit, mais aussi sur son langage.

Texte 5

Si vous voulez vraiment que je vous dise, alors sûrement la première chose que vous allez demander c'est où je suis né, et à quoi ça a ressemblé, ma saloperie d'enfance, et ce que faisaient mes parents avant de m'avoir, et toutes ces conneries à la David Copperfield, mais j'ai pas envie de raconter ça et tout. Primo, ce genre de trucs ça me rase et secundo mes parents ils auraient chacun une attaque, ou même deux chacun, si je me mettais à baratiner sur leur compte quelque chose d'un peu personnel. Pour ça ils sont susceptibles, spécialement mon père. Autrement ils seraient plutôt sympa et tout d'accord - mais ils sont aussi fichument susceptibles. Et puis je ne vais pas vous défiler ma complète autobiographie. Je veux juste vous raconter ce truc dingue qui m'est arrivé l'année dernière vers la Noël avant que je sois pas mal esquinté et obligé de venir ici pour me retaper. Même à D.B, j'en ai pas dit plus, pourtant c'est mon frère et tout. Il est à Hollywood. C'est pas trop loin de cette foutue baraque et il vient me voir pratiquement chaque dimanche.

Jérôme David SALINGER, *L'attrape-cœurs* (1951)

1. À l'aide des questions posées sur les textes précédents, établissez la liste des types d'informations que vous avez pu inférer.
2. Rédigez vous-même les questions auxquelles vous croyez qu'un lecteur peut répondre en inférant.

Texte 6

À droite du carrefour, près du terminus des tramways, s'alignaient des petites charrettes, et M. Hire, la serviette sous le bras, se faufilait en se dandinant entre les ménagères, voyait défiler un étal de boucher, puis des légumes, puis de la viande encore, puis une charrette rien que de choux-fleurs. Le receveur du tramway siffla et M. Hire courut comme ceux qui ne sont pas habitués à courir, et comme les femmes, en jetant les jambes de côté. Tout en courant, il faisait :

"Pssst !...Pssst !"

(...)

M. Hire était assis à la place qu'il occupait tous les jours, celle du fond de la voiture, et, sa serviette à plat sur les genoux, il lisait le journal. Comme tous les jours aussi, il avait préparé son billet qu'il tenait à la main et qu'il tendit au receveur sans même lever les yeux.

Il n'était pas gros. Il était gras. Son volume ne dépassait pas celui d'un homme très ordinaire, mais on ne sentait ni os ni chair, rien qu'une matière douce et molle, si douce et si molle que ses mouvements en étaient équivoques.

Dans la rondeur de son visage, se dessinaient des lèvres bien rouges, de petites moustaches frisées au fer, comme dessinées à l'encre de Chine et, sur les pommettes, des roseurs régulières de poupée.

Georges SIMENON, *Les fiançailles de monsieur Hire* (1960)

Le narrateur ne décrit du personnage que ce que pourrait voir et entendre un passager du tramway. De ce comportement, le lecteur peut inférer au moins trois caractéristiques. Effectuez ces inférences en vous appuyant sur les indices soulignés dans le texte.

Exercice 3

Certains romanciers laissent plus que d'autres le soin au lecteur de participer activement à la construction du sens. Flaubert est de ceux-là. Vous allez lire un extrait de *Madame Bovary*. Prenez d'abord connaissance de la mise en situation suivante.

Emma Rouault, jeune fille formée à l'école des religieuses et des romans sentimentaux, épouse le Dr Charles Bovary, qui a soigné son père. Charles ne brille ni par son intelligence ni par sa sensibilité, mais il fait son possible pour rendre sa femme heureuse. Le couple s'installe à Tostes, où se trouve le cabinet médical.

Vers la fin de février, le père Rouault, en souvenir de sa guérison, apporta lui-même à son gendre une dinde superbe, et il resta trois jours à Tostes. Charles étant à ses malades, Emma lui tint compagnie. Il fuma dans la chambre, cracha sur les chenets, causa culture, veaux, vaches, volailles et conseil municipal ; si bien qu'elle referma la porte quand il fut parti, avec un sentiment de satisfaction qui la surprit elle-même. D'ailleurs, elle ne cachait plus son mépris pour rien, ni pour personne ; et elle se mettait quelquefois à exprimer des opinions singulières, blâmant ce que l'on approuvait, et approuvant des choses perverses ou immorales : ce qui faisait ouvrir de grands yeux à son mari.

Est-ce que cette misère durerait toujours ? Est-ce qu'elle n'en sortirait pas ? Elle valait bien cependant toutes celles qui vivaient heureuses ! Elle avait vu des duchesses à la Vaubyessard qui avaient la taille plus lourde et les façons plus communes, et elle exécrait l'injustice de Dieu ; elle s'appuyait la tête aux murs pour pleurer; elle enviait les existences tumultueuses, les nuits masquées, les insolents plaisirs avec tous les éperdument qu'elle ne connaissait pas et qu'ils devaient donner.

Elle pâlissait et avait des battements de cœur : Charles lui administra de la valériane et des bains de camphre. Tout ce que l'on essayait semblait l'irriter davantage.

En de certains jours, elle bavardait avec une abondance fébrile ; à ces exaltations succédaient tout à coup des torpeurs où elle restait sans parler, sans bouger. Ce qui la ranimait alors, c'était de se répandre sur les bras un flacon d'eau de Cologne.

Comme elle se plaignait de Tostes continuellement, Charles imagina que la cause de sa maladie était sans doute dans quelque influence locale, et s'arrêtant à cette idée, il songea sérieusement à aller s'établir ailleurs.

Dès lors, elle but du vinaigre pour se faire maigrir, contracta une petite toux sèche et perdit complètement l'appétit.

Il en coûtait à Charles d'abandonner Tostes, après quatre ans de séjour et au moment *où il commençait à s'y poser.* S'il le fallait, cependant ! Il la conduisit à Rouen, voir son ancien maître. C'était une maladie nerveuse : on devait la changer d'air.

Après s'être tourné de côté et d'autre, Charles apprit qu'il y avait, dans l'arrondissement de Neufchâtel, un fort bourg nommé Yonville-l'Abbaye, dont le médecin, qui était un réfugié polonais, venait de décamper la semaine précédente.

Alors il écrivit au pharmacien de l'endroit pour savoir quel était le chiffre de la population, la distance où se trouvait le confrère le plus voisin, combien par année gagnait son prédécesseur, etc. ; et, les réponses ayant été satisfaisantes, il se résolut à déménager vers le printemps, si la santé d'Emma ne s'améliorait pas.

Un jour qu'en prévision de son départ elle faisait des rangements dans un tiroir, elle se piqua les doigts à quelque chose. C'était un fil de fer de son bouquet de mariage. Les boutons d'oranger étaient jaunes de poussière, et les rubans de satin à liséré d'argent s'effiloquaient par le bord. Elle le jeta dans le feu. Il s'enflamma plus vite qu'une paille sèche. Puis ce fut comme un buisson rouge sur les cendres, et qui se rongeait lentement. Elle le regarda brûler. Les petites baies de carton éclataient, les fils d'archal se tordaient, le galon se fondait ; et les corolles de papier, racornies, se balançant le long de la plaque comme des papillons noirs, enfin s'envolèrent par la cheminée.

Quand on partit de Tostes, au mois de mars, Mme Bovary était enceinte.

Gustave FLAUBERT, *Madame Bovary* (1857)

1. Pourquoi Emma éprouve-t-elle un sentiment de satisfaction lorsque son père la quitte ?
2. Relisez le fragment "Est-ce que cette misère…Dieu" (lignes 8-10). Ce discours est-il attribuable au narrateur ou à Emma ? Si vous choisissez cette seconde solution, dites si ce sont des paroles ou des pensées d'Emma qui sont rapportées. Quelle que soit la solution choisie, attribuez un indice de certitude à votre réponse.

    - Je suis certain(e) de ma réponse.
    - Je doute de ma réponse.
    - En fin de compte, je suis incapable de décider.

3. À qui faut-il attribuer l'expression "où il commençait à s'y poser" ? Quel indice vous permet de répondre à la question ?
4. Relisez l'extrait "Un jour…cheminée" (lignes 33-39). Selon vous, pourquoi Emma fait-elle brûler son bouquet de mariage ? Interprétez ce geste en le reliant à tout ce qui précède.
5. En fin de compte, à quel facteur attribuez-vous les sautes d'humeur et les lamentations d'Emma ?

Exercice 4

Un auteur réaliste ou naturaliste tente d'effacer sa présence de son récit. Il est bien rare pourtant qu'on ne puisse repérer cette présence par quelque(s) indice(s).Voici un extrait de *Germinal* de Zola. Sachez avant de le lire que la grève des mineurs bat son plein. Pluchart, membre de l'Internationale socialiste fondée par Karl Marx, vient soutenir les ouvriers dans leur action.

En lisant ce texte, demandez-vous si Zola partage les opinions de Pluchart, c'est-à-dire s'il peut être classé parmi les écrivains socialistes, marxistes.

"Citoyens, dit Pluchart, permettez-moi de prendre la parole.

Un silence profond se fit. Il parla. Sa voix sortait, pénible et rauque; mais il s'y était habitué, toujours en course, promenant sa laryngite avec son programme. Peu à peu, il l'enflait et en tirait des effets pathétiques. Les bras ouverts, accompagnant les périodes d'un balancement d'épaules, il avait une éloquence qui tenait du prône, une façon religieuse de laisser tomber la fin des phrases, dont le ronflement monotone finissait par convaincre.

Et il plaça son discours sur la grandeur et les bienfaits de l'Internationale, celui qu'il déballait d'abord, dans les localités où il débutait. Il en expliqua le but, l'émancipation des travailleurs ; il en montra la structure grandiose, en bas la commune, plus haut la province, plus haut encore la nation, et tout au sommet l'humanité. Ses bras s'agitaient lentement, entassaient les étages, dressaient l'immense cathédrale du monde futur, Puis c'était l'administration intérieure : il lut les statuts, parla des congrès, indiqua l'importance croissante de l'œuvre, l'élargissement du programme, qui, parti de la discussion des salaires, s'attaquait maintenant à la liquidation sociale, pour en finir avec le salariat. Plus de nationalités, les ouvriers du monde entier réunis dans un besoin commun de justice, balayant la pourriture bourgeoise, fondant enfin la société libre, où celui qui ne travaillerait pas, ne récolterait pas ! Il mugissait, son haleine effarait les fleurs de papier peint, sous le plafond enfumé dont l'écrasement rabattait les éclats de sa voix.

Une houle agita les têtes. Quelques-uns crièrent "C'est ça !... Nous en sommes !"

Lui, continuait. C'était la conquête du monde avant trois ans. Et il énumérait les peuples conquis. De tous côtés pleuvaient les adhésions. Jamais religion naissante n'avait fait tant de fidèles. Puis, quand on serait les maîtres, on dicterait des lois aux patrons, ils auraient à leur tour le poing sur la gorge.

"Oui ! oui !... C'est eux qui descendront !"

Émile ZOLA, *Germinal* (1885)

1. Pensez-vous que Zola ait été socialiste au moment où il écrivait ces lignes ? Quelle que soit votre réponse, justifiez-la par des indices tirés du texte. Si vous hésitez sur la réponse à donner ou si vous désirez confirmer votre réponse, aidez-vous des questions suivantes.
2. Relevez les termes utilisés par le narrateur et qui appartiennent au champ lexical de la religion. Que pouvez-vous conclure d'une telle accumulation de termes religieux pour traiter d'une idéologie, le socialisme-communisme, qui se disait l'ennemie mortelle de toute religion ? Souvenez-vous notamment de la fameuse phrase de Marx : "La religion est l'opium du peuple".
3. Quel(s) mode(s) du discours rapporté le narrateur utilise-t-il ? Quelle conclusion en tirez-vous quant à l'importance que le narrateur attribue au discours de Pluchart ?

Dix romans de formation contemporains

1. Émile AJAR, *La vie devant soi,* Mercure de France, 1975.[1]

Mohamed, dit Momo, est le héros et le narrateur de ce récit. Il vit dans un quartier populaire et cosmopolite de Paris, chez madame Rosa, une ancienne prostituée juive, rescapée des camps nazis. Madame Rosa élève plusieurs enfants d'origines diverses, mais tous nés d'une mère prostituée, et nourrit tant bien que mal cette marmaille hétéroclite. Momo s'interroge sur son âge (a-t-il 9 ou 13 ans ?) et ses géniteurs (que sont devenus son père et sa mère ?).

2. Russell BANKS, *Sous le règne de Bone,* Actes Sud, "Babel", 1995.[2]

Le narrateur, un adolescent de 14 ans, vit dans une petite ville perdue des États-Unis, entre sa mère et son beau-père. Il est sans nouvelles de son père, parti sans laisser d'adresse il y a bien des années. Abandonné à lui-même, il vit de petits vols et de la revente de marijuana. Il quitte la maison et, après bien des rencontres insolites, se retrouve à la Jamaïque, patrie du reggae et des rastas.

3. Louis-Ferdinand CÉLINE, *Voyage au bout de la nuit* (1932), Gallimard, 1952 (réédition), Folio 28.[3]

Ferdinand Bardamu nous raconte son histoire. Jeté à 20 ans dans la guerre de 14-18, il se sort par miracle de cette "boucherie internationale" et part pour l'Afrique coloniale avant de gagner les États-Unis. Au cours de ces voyages, il fait l'expérience de l'amitié et de l'amour, mais aussi de la folie, de la mesquinerie et de la cruauté des hommes.

4. John IRVING, *Une prière pour Owen,* Éditions du Seuil, 1989.

Le narrateur raconte son amitié avec Owen Meany, un garçon tout petit affligé d'une voix criarde et d'un humour à toute épreuve. De l'école primaire à l'âge adulte, ils vivent ensemble des événements drôles et dramatiques – dont la mort violente de la mère du narrateur – dans l'Amérique des années de la guerre du Vietnam.

5. Jack LONDON, *Le loup des mers (1900),* Éditions Robert Laffont, "Bouquins", 1985.

Le narrateur, Van Weyden, est un jeune intellectuel raffiné de San Francisco. Il s'embarque à bord d'un ferry-boat pour une courte traversée, mais le bateau fait naufrage. Il sera recueilli à bord du Fantôme, un voilier commandé par un bien étrange personnage et peuplé de rudes marins. Son séjour sur le voilier se prolongera bien plus qu'il ne le souhaiterait.

6. Bertrand POIROT-DELPECH, *Le grand dadais,* Denoël, 1958, Folio 590.[4]

Alain, orphelin de père, est, à 18 ans, littéralement étouffé par une mère possessive. Un jour, il tombe amoureux de Patricia, une jeune strip-teaseuse travaillant dans un cabaret parisien. Il emmène sa conquête en vacances à la côte d'Azur grâce à de l'argent qu'il a soutiré à ses relations.

---

[1] Un extrait de ce roman figure dans le manuel, à la page 86.

[2] Un extrait de ce roman figure dans le manuel, aux pages 44-45.

[3] Deux extraits de ce roman figurent dans le manuel, aux pages 80-81 et 86.

[4] Un extrait de ce roman figure dans le manuel, à la page 85.

7. Erich Maria REMARQUE, *À l'Ouest rien de nouveau*, 1928, Le Livre de Poche 197.[1]

Paul Bäumer, un jeune Allemand de 19 ans, s'engage dans l'armée de son pays durant la guerre 40-45 et est envoyé immédiatement au front. Il fera dans les tranchées des expériences traumatisantes, que partagent, à quelques dizaines de mètres, les jeunes Français engagés bien malgré eux dans le conflit mondial.

8. Christiane ROCHEFORT, *Les petits-enfants du siècle*, Éditions Bernard Grasset, 1961, Le Livre de Poche 2637.[2]

Josyane Rouvier, la narratrice, est l'ainée* d'une famille ouvrière vivant dans un H.L.M. de la banlieue parisienne. Les parents et les cinq enfants s'entassent dans un appartement minuscule, rempli de bruits et de disputes. Josyane, qui remplace très souvent sa mère auprès de ses frères et sœurs, attend que l'agitation cesse pour commencer ses devoirs.

9. Robert SABATIER, *La souris verte*, Albin Michel, 1990.

Paris sous l'occupation, en 40-45. Marc, étudiant à la Sorbonne, rencontre Maria, une auxiliaire de l'armée allemande, une "souris verte" comme disent les Parisiens, et entreprend avec elle une relation amoureuse dont le moins qu'on puisse dire est qu'elle est mal vue par les patriotes français.

10. Jérôme David SALINGER, *L'attrape-cœurs (1951)*, Éditions Robert Laffont, nouvelle traduction 1986.[3]

Holden Caulfield écrit son histoire récente dans la maison de repos où il séjourne depuis quelque temps pour des raisons mystérieuses. Renvoyé du collège huppé de Pencey, il a mis plusieurs jours pour rentrer chez ses parents à New-York, d'une part parce qu'il avait peur de leur annoncer son renvoi, d'autre part, parce qu'il a profité de cette parenthèse pour mener quelques expériences de vie.

[1] Un extrait de ce roman figure dans le manuel, aux pages 81-82.

[2] Un extrait de ce roman figure dans le manuel, à la page 78.

[3] Deux extraits de ce roman figurent dans le manuel, aux pages 73-74 et 86.

Table des matières